W0174869

HEROES

Dirk C. Fleck

HEROES

Mut, Rückgrat, Visionen

Außer der Reihe 85

Dirk C. Fleck
HEROES
Mut, Rückgrat, Visionen

Außer der Reihe 85

Bibliografische Information der Deutschen Nationalbibliothek
Die Deutsche Nationalbibliothek verzeichnet diese Publikation
in der Deutschen Nationalbibliografie; detaillierte bibliografische Daten sind im Internet über https://dnb.d-nb.de abruf-
bar.

© dieser Ausgabe: August 2023
  *p.*machinery Michael Haitel

Titelbild: Raphael Maksian
Layout & Umschlaggestaltung: global:epropaganda
Lektorat & Korrektorat: Michael Haitel
Herstellung: Bookwire GmbH, Frankfurt (Main)

Verlag: *p.*machinery Michael Haitel
Norderweg 31, 25887 Winnert
www.*p*machinery.de

ISBN: 978 3 95765 346 8

Dirk C. Fleck

HEROES

Mut, Rückgrat, Visionen

Für Rosalie

Einige Worte vorweg

Die Idee zu diesem Buch gab es schon lange. Irgendwann begann sie zu nerven, sie lechzte nach Gestalt und erinnerte beharrlich daran, dass da noch etwas zu erledigen sei. Ausschlaggebend dafür, dass ich mit der Schreibarbeit endlich begann, war ein Zitat, das ich zufälligerweise fand. Es stammt von dem römischen Kaiser und Philosophen Marc Aurel, der uns vor fast zweitausend Jahren folgende Worte ins Stammbuch geschrieben hat:

>»Das Ziel des Lebens besteht nicht darin, auf der Seite
>der Mehrheit zu stehen, sondern zu vermeiden, sich in
>den Reihen der Wahnsinnigen wiederzufinden.«

Meine HEROES haben sich dem systemimmanenten Wahnsinn unter hohen Risiken entzogen oder widersetzt und für eine Gesellschaft gekämpft, deren Zusammenhalt durch Toleranz und Verständnis geprägt ist. Wobei ich bewusst nicht ins oberste Regal gegriffen habe, dort wo die prominenten Namen lagern. Ich wollte auf jene Menschen aufmerksam machen, deren Geschichte nicht schon überall breitgetreten wurde.

Eines habe ich während der Beschäftigung mit diesen außergewöhnlichen Persönlichkeiten gelernt: Solange wir unsere wahre Natur verleugnen, solange wir nicht mehr die Sprache des Herzens sprechen und uns stattdessen in mörderischer Konkurrenz gegenseitig die Zeit stehlen, um schließlich als willfährige Erfüllungsgehilfen einer skrupellosen, aber gut organisierten Elite zu enden, werden wir miteinander nie frei sein. Wird sich an dem Höllenritt, der uns vom wahren Leben fortführt, nichts ändern.

Einige dieser Porträts wurden bereits vor Erscheinen des Buches wechselseitig auf den Internetplattformen apolut.de, neuedebatte.com und manova.news veröffentlicht. Aus den vielen Kommentaren, von denen ich hier zwei zitieren möchte, wird deutlich, wir groß das Interesse an HEROES ist.

Zu dem Artikel »Lichte Wesen in Dunkeldeutschland« schreibt Nevyn: »Danke für diese berührende Geschichte. Sie zeigt mir erneut, dass die Hoffnung für diesen Planeten nicht von den Kra-keelern, ›Aktivisten‹ und sonstigen Rambos ausgeht, auch nicht von den vielen Gutmenschen-NGOs, sondern von den meist unbekannt bleibenden Stillen im Lande, die ihre ganz persönliche Verantwortung auf ihrem Weg erkennen und annehmen, statt einer wie auch immer gearteten Bewegung nachzulaufen.«

Und Hans J. K. schickte mir über meine Website eine Mail, aus der ich folgende Sätze zitieren möchte: »Mit großem Interesse und großer Dankbarkeit habe ich von Ihrem Projekt gelesen, ein Buch über die von ihnen ausgewählten ›Helden‹ zu schreiben. Ich bin von Ihren Artikeln tief beeindruckt. Wir haben fünf Kinder, die uns wiederum durch ihre Familien zehn Enkel schenkten. Ich freue mich schon jetzt darauf, ihnen an ihren Geburtstagen Ihr Buch mit den wirklichen Helden zu schenken. Ich danke Ihnen von Herzen für Ihre Grundhaltung, Klarheit, Ehrlichkeit und den Mut, uns interessierten Lesern das zu zeigen, was im Leben wirklich wichtig ist.«

Fünfzig Porträts sind es geworden. Es sollten viel mehr sein, aber das hätte den Rahmen dieses Buches gesprengt. Es wäre mir jedoch lieb, wenn die Leser eigene HEROES hinzufügten. Dafür ist am Ende des Buches eine Seite mit Linien freigehalten worden, auf der die Namen handschriftlich vermerkt werden können. Damit die Familie unserer Seelenverwandten noch umfassender wird – damit wir eine geistige Verbindung zu den weitgehend vergessenen Menschen herstellen. Sie haben es verdient.

Mein Dank gilt meinem Verleger, der die Idee zu HEROES ohne zu zögern akzeptiert hat. Er gilt ebenso meiner Freundin Marina Silalahi, die mir einige Heroes ans Herz gelegt hat und mir die Möglichkeit gab, das Buch auf ihrem wundervollen Anwesen in Ostfriesland zu beenden. Die dritte Politur an den Texten haben wir gemeinsam vorgenommen.

Dirk C. Fleck
im Juli 2023

Michael & Cäcilia Köhldorfner
Lichte Wesen in Dunkeldeutschland

Mitte der Achtzigerjahre war ich mit einer Freundin auf einem Wochenendausflug im Landkreis Lüchow-Dannenberg unterwegs, als mir eine Geschichte einfiel, die mir meine Eltern dreißig Jahre zuvor erzählt hatten. Sie musste sich ganz in der Nähe abgespielt haben, in einem kleinen Nest namens Starrel. Das Dorf, so war es mir berichtet worden, bestand lediglich aus drei Bauernhäusern. Ich wollte ihm seit Jahren einen Besuch abstatten, hatte mich aber nie getraut. Doch jetzt, wo wir schon einmal in der Göhrde rumturnten, konnte ich nicht anders, als das Auto nach Starrel umzulenken. Fünfhundert Meter waren es noch, als ich die Geschwindigkeit erkennbar drosselte. Es war, als hätte der Strich-Achter, den ich damals fuhr, auf meinen schneller werdenden Herzschlag reagiert. Nach weiteren vierhundert Metern fuhr ich rechts ran. Da waren sie, die Bauernhäuser und die Eichen. Unangetastet und wie aus der Zeit gesprungen. Näher ran zu fahren war mir unmöglich, es fühlte sich an, als würden zwei Magnete aneinander abgleiten.

11

Warum erzähle ich das? Weil ich dort, wo ich jetzt stand, niemals gestanden hätte, wenn es diese eine Familie nicht gegeben hätte, von der ich nicht einmal wusste, welches der Häuser ihres war. Von der ich nicht wusste, ob sie überhaupt noch existierte. Aber zum Kern der Geschichte. Mein Großvater war Jude, er starb im KZ. Mein Vater war »Halbjude«. Als ruchbar wurde, dass er mit einer Arierin liiert war und sie sogar heiraten wollte, wurde er in Hamburg zur Gestapo bestellt, wo man ihm eine sogenannte »Trennungsauflage« aushändigte. Sie besagte, dass er meine Mutter nicht mehr sehen, geschweige denn heiraten durfte. Damals war meine Mutter bereits mit mir schwanger, was den Behörden auf keinen Fall bekannt werden durfte. Einige Monate später erblickte ich das düstere Licht der Welt. Illegal. Ich musste also versteckt werden, aber wo?

Meine Großmutter mütterlicherseits wusste von einer Schulfreundin in der Göhrde, die mit den Nazis nichts am Hut hatte. Also fuhr sie nach Starrel und versuchte herauszufinden, ob sie sich dieser Freundin und ihrem im Krieg schwer verwundeten Mann anvertrauen könnte. Konnte sie. Mit dem Ergebnis, dass mich diese beiden Menschen vierzehn Monate in ihrem Haus versteckt hielten, was die Nachbarsfamilien natürlich nicht wissen durften.

Das gab es eben auch in Dunkeldeutschland. Und nicht zu knapp. Überall im Land, vor allem in den Großstädten, fanden sich selbstlose Menschen, die sich in einem Volk von potenziellen Denunzianten kaum vorstellbaren Risiken aussetzten. Wenn sie ertappt worden wären, hätten sie vermutlich auch das Leben ihrer eigenen Familie aufs Spiel gesetzt. Mithilfe dieser couragierten Deutschen überlebten Tausende Juden den Naziterror – auf Dachböden, in Kellern und Scheunen, hinter aufgebrochenen und wieder zugestellten Mauern. Dieser Teil unserer Geschichte wird kaum erzählt. Das liegt auch daran, weil ein Großteil derjenigen, die ihr Gewissen nicht im Gleichschritt verloren hatten, anonym geblieben sind.

Stellvertretend für sie alle möchte ich Michael und Cäcilia Köhldorfner in die Riege meiner HEROES aufnahmen. Am 23. September 2019 wurden die beiden in ihrer oberbayerischen Heimatgemeinde Schnaitsee von der israelischen Holocaust-Gedenkstätte Yad Vashem posthum für die Rettung verfolgter Juden geehrt. Die beiden gelten damit offiziell als »Gerechte unter den Völkern«.

Es war der 3. Mai 1945, wenige Tage vor Kriegsende, als Michael Köhldorfner im alten Sägewerk von Stangern, einem Ortsteil der Gemeinde Schnaitsee, verdächtige Geräusche hörte. Mit geladener Pistole kletterte der Zimmerer auf den Dachboden. Die zwei Gestalten, die er dort entdeckte, boten ein Bild des Jammers. »Ich sehe die beiden heute noch vor mir«, erzählt Köhldorfners Sohn Michael, der den Vater als Siebenjähriger begleitet hatte. »Sie trugen nur noch Fetzen am Körper, waren verlaust und zum Skelett abgemagert. Anstelle von Schuhen trugen sie abgeschnittene Zementsäcke an den Füßen, die sie mit Schnüren zugebunden hatten. So ein Elend habe ich in meinem ganzen Leben nicht gesehen.«

Bei den Gestalten handelte es sich um die aus Polen stammenden Juden Henrick Gleitman und Bernhard Hampel. Ihnen war es gelungen, einem Todesmarsch zu entfliehen, der die Häftlinge des Konzentrationslagers Flossenbürg ins KZ Dachau führte. Wer von den geschundenen Kreaturen unterwegs schlappmachte, wurde an Ort und Stelle liquidiert. Indem das Ehepaar Köhldorfner sich verpflichtet sah, den Flüchtigen zu helfen, gingen sie ein tödliches Risiko ein. Deutsche wurden schon für weitaus geringere »Vergehen« standrechtlich erschossen oder gehenkt.

Henrick Gleitman war ein junger Mann, erst achtzehn Jahre alt, Hampel war dreißig. Noch tagelang blieben sie den Köhldorfners gegenüber misstrauisch, sie fürchteten, am Ende doch verraten zu werden. Dass Deutsche sie freundlich behandelten und ihnen sogar halfen, waren sie nicht gewohnt. »Alle Deutschen, denen ich zuvor begegnet war, haben nur schikaniert, gefoltert und gemordet«, sagte Gleitman später, »ich habe nicht geglaubt, dass es auch andere Deutsche gibt.«

Doch, gab es. Unter anderem in Starrel, einem kleinen Dorf im Südwesten des Landkreises Lüchow-Dannenberg in Niedersachsen, das zur Gemeinde Schnega in der Samtgemeinde Lüchow (Wendland) gehört. Zurzeit wohnen dort fünfzehn Einwohner.

Rosa Louise Parks (1913–2005)
Manchmal genügt ein schlichtes NEIN, um die Welt zu verändern

James Blake. Ja, so hieß er. Blake gehörte zu jenen Menschen, die als beflissene Staatsdiener zu autoritären Arschlöchern werden, wenn es die Gesetzeslage erlaubt. Und die Gesetzeslage im US-Bundesstaat Alabama erlaubte in den Fünfzigerjahren eine ganze Menge an Schweinereien, sie schrieb sie sogar verbindlich fest. Und so wunderte es nicht, dass der Busfahrer James Blake am 1. Dezember 1955 pflichtbewusst von seinem Fahrersitz aufstand, um eine afroamerikanische Frau aufzufordern, ihren Sitzplatz für einen weißen Fahrgast zu räumen. Bisher hatte er beim Herstellen der »natürlichen Ordnung«, wie sie in den Südstaaten selbstverständlich war, nie ein Problem gehabt. In diesem Fall jedoch reagierte die Frau auf seine Aufforderung mit einem simplen NEIN.

NEIN!? Blake drohte mit der Polizei. Die Frau ließ sich nicht beirren und blieb sitzen. Ihr Name war Rosa Louise Parks. Natürlich konnte sie nicht wissen, dass ihr NEIN in die Geschichte eingehen würde. Genau genommen war es der Beginn der schwarzen Bürgerrechtsbewegung, die, so muss man ehrlicherweise sagen, ohne das beflissene Handeln des James Blake wohl noch ein wenig hätte auf sich warten lassen. Denn der Busfahrer machte seine Drohung wahr und rief tatsächlich die Polizei. Rosa Parks wurde noch an Ort und Stelle wegen Störung der öffentlichen Ruhe verhaftet, was den sogenannten Busboykott von Montgomery zur Folge hatte.

Der Busfahrer James Blake und Parks hatten bereits 1943 eine Auseinandersetzung, als Parks sich weigerte, nach dem Ticketkauf wieder auszusteigen und hinten erneut einzusteigen, was für Schwarze verbindlich vorgeschrieben war. Seither hatte sie darauf geachtet, in keinen Bus einzusteigen, der von Blake gefahren wurde. Nun, das Schicksal wollte es anders.

Nachdem Rosa Parks festgenommen worden war, weigerten sich viele Schwarze mit öffentlichen Verkehrsmitteln zu fahren. Die Aktion zeigte Wirkung. Die fehlenden Einnahmen stellten die öffentlichen Verkehrsbetriebe vor ein Liquiditätsproblem, denn siebzig Prozent ihrer Einnahmen steuerten die farbigen Fahrgäste bei. Diese bildeten jetzt Fahrgemeinschaften und nutzten Taxis, die ihre Preise aus Solidarität auf zehn Cent pro Fahrt gesenkt hatten. Ein großer Teil der Protestierenden ging auch einfach zu Fuß. Außerdem fanden sich in Montgomery über dreihundert Autofahrer, die eigene Stationen festlegten, an denen sie die Menschen abholten. Unterstützung kam auch von Martin Luther King, der die Proteste in eine friedliche Richtung lenkte.

Die Busunternehmen standen plötzlich vor dem Bankrott, sie mussten ihre Preise enorm anheben, um die starken Verluste zu kompensieren. Unterdessen bekamen viele Autofahrer, die kostenlose Fahrten anboten, Probleme mit ihren Versicherungen. Reine Schikane. Immer häufiger kam es zu Verhaftungen und Anklagen. Auch Martin Luther King wurde angeklagt, was international für ein enormes Medienecho sorgte. Und wieder ging der Schuss nach hinten los ...

Der vierzehnte Zusatzartikel der Verfassung der Vereinigten Staaten besagte, dass jeder das Recht auf einen gleichwertigen Schutz hat, ungeachtet der Rasse. Am 20. Dezember 1955 erklärte das Oberste Gericht die Rassentrennung in den Bussen für rechtswidrig. Der von Rosa Parks ausgelöste Montgomery-Bus-Boykott war somit ein voller Erfolg und beendet.

Rosa hatte sich schon vor ihrem NEIN positioniert und in der Bürgerrechtsbewegung »Platz genommen«. Sie, die 1913 in Tuskegee (Alabama) geboren worden war, musste schon früh erfahren, was es bedeutet, nicht von weißer Hautfarbe zu sein. Nachdem man ihr sogar das Wahlrecht verweigerte, engagierte sie sich in der Bürgerrechtsbewegung *National Association for the Advancement of Colored People* (NAACP). Die NAACP wurde 1909 gegründet und setzte sich seitdem für die Chancengleichheit farbiger Bürger ein. Dieses Ziel verfolgte sie sowohl in kultureller, politischer als auch wirtschaftlicher Hinsicht. Der größte Erfolg der Bewegung war die Aufhebung der Rassentrennung in den Schulen 1954.

Parks Ehemann hatte sie davon abhalten wollen, für die Bürgerrechtsbewegung tätig zu werden, da er um ihre Sicherheit besorgt war. Seine Einwände blieben jedoch ohne Erfolg. Rosa war bei der NAACP zunächst als Sekretärin, ab 1943 auch als Sozialarbeiterin tätig. Die meisten Fälle, die sie bearbeitete, betrafen Männer, denen »unrechtmäßige Straftaten« vorgeworfen wurden. Häufig wurden diese Männer Opfer von Lynchjustiz.

Der wohl spektakulärste Fall, den Rosa Parks betreute, war der von Recy Taylor. Die Vierundzwanzigjährige war 1944 von sieben weißen Männern gemeinschaftlich vergewaltigt worden. Trotz mehrfacher Zeugenaussagen, die sich mit der Aussage von Recy Taylor deckten, weigerte sich die Justizbehörde, die Männer anzuklagen. Die NAACP wurde auf den Fall aufmerksam und schickte Parks nach Abbeville in Alabama, wo sich der Vorfall ereignet hatte. Nachdem Rosa genügend Informationen gesammelt hatte, reiste sie nach Montgomery zurück. Die NAACP erreichte zwar, dass der Fall nationale Aufmerksamkeit erregte, dennoch landete er bei den Akten. Keiner der Männer wurde je angeklagt.

Als Präsident Clinton sie später bei einem Empfang im Weißen Haus fragte, ob sie ihren Ruhestand genießen würde und wie glücklich sie sei, antwortete sie: »Ich glaube nicht, dass es so etwas wie komplettes Glück gibt. Es ist schrecklich, dass der Ku-Klux-Klan noch immer aktiv ist und dass es nach wie vor Rassismus gibt. Wenn jemand glücklich ist, gibt es nichts mehr, was man braucht und sich wünscht. An diesem Punkt in meinem Leben bin ich noch nicht angekommen.«

Rosa Parks starb am 24. Oktober 2005. Ihr schlichtes NEIN im Linienbus von Montgomery gab der Bürgerrechtsbewegung den entscheidenden Schub. Er stärkte das Selbstbewusstsein der Schwarzen und sorgte in der Folge für gravierende Veränderungen in der US-amerikanischen Gesellschaft. Nicht mehr und nicht weniger.

Musik

Rosa Parks wurde in zahlreichen Songs verewigt, so z. B.:

- The Neville Brothers: *Sister Rosa*. A&M, 1989
- James »JT« Taylor: *Sister Rosa*. MCA, 1989
- Feargal Sharkey: *Sister Rosa*. Virgin, 1991
- Nits: *Sister Rosa*. Columbia, 1998
- OutKast: *Rosa Parks*. LaFace/Arista, 1998
- Hannibal Lokumbe (Hannibal Marvin Peterson) *Dear Mrs. Parks*. Oratorium. Janice Chandler-Eteme, Sopran; Jevetta Steele, Mezzosopran; Detroit Symphony Orchestra; Thomas Wilkins, Dirigent (The American Spirit: Roots and Transformations: Dear Mrs. Parks)

José Bové (*1953)
Globalnix gegen Monsanto und andere Verbrecher

Plötzlich hat es RUMMS gemacht und vor dem Tresen, an
dem schon bald die jungen
Leute von Millau anstehen sollten, um ihre Cheeseburger und
Chicken McNuggets zu bestel-
len, stand ein tuckernder Trak-
tor in den Trümmern, dem unter dem Jubel von dreihundert
Bauern und Schafzüchtern aus
der Roquefort-Region ein Mann
entstieg, den die »Rückbau-Aktion« einer McDonald's-Filiale welt-
weiten Ruhm einbringen sollte.

Wir schreiben den 12. August 1999, als der Landwirt José Bové
den kurz vor der Fertigstellung befindlichen Fast-Food-Tempel auf
dem direkten Weg durch die Außenmauer betrat. Grund für die
Proteste gegen die Burgerkette waren die US-Strafzölle, die für
bestimmte Produkte wie zum Beispiel den Roquefortkäse einge-
führt wurden, weil sich die EU-Staaten weigerten, hormonbehan-
deltes Rindfleisch aus den USA zu importieren.

Die regionalen Zeitungen taten den Vorfall zunächst als eine
Aktion von Spinnern ab. Doch unter den Bauern Frankreichs avancierte José Bové schnell zum Helden. Natürlich wollte die Fast-
Food-Kette ihm und den an der »Rückbau«-Aktion beteiligten
Bauerngewerkschaftern den Prozess machen. Doch dann schwan-
te dem McDonald's-Konzern, dass die Sache dem eigenen Image
mehr schaden als nützen würde, also ließ man die Klage wieder
fallen. Es blieb der Strafprozess vor dem Amtsgericht in Millau.
Vor dem Gerichtsgebäude war die Hölle los; in Manier der Französischen Revolution und unter tosendem Beifall ließen sich die An-

geklagten in einem Ochsenkarren mit Holzrädern vom Hochplateau zum Palais de Justice fahren ...

McDonald's wurde in der Folgezeit über Wochen ein beliebtes Ziel für Protestaktionen der Landwirte. In der Dordogne verteilte man vor den Schnellrestaurants Wurst und Gänseleberpastete, anderenorts wurden Rotwein und Schmalzbrote gereicht. All dies waren Solidaritätsbekundungen für den mittlerweile inhaftierten José Bové.

Die Botschaft der Aktionen aber war weitreichender, wie Bové in einem Interview betonte: »Es ging uns um gutes Essen und gegen den undefinierbaren Drecksfraß (Malbouffe). Und um die bäuerliche Landwirtschaft als Gegenmodell zur multinationalen Konzernmacht.« Bald kannte man José Bové nur noch unter den Spitznamen Globalnix. Die Kaution für seine Haftentlassung im September 1999 zahlte übrigens eine US-Bauerngewerkschaft. Eine Weinbar in Brooklyn (New York) trägt seitdem den Namen José Bovés.

Ein knappes Jahr später stand Bové unweit des Tatortes in einem Stadion am Mikrofon und sprach zu hunderttausend Menschen. In dem im Jahre 2000 veröffentlichten Bestseller »Die Welt ist keine Ware. Bauern gegen Agromultis«, den er zusammen mit dem Bauernvertreter Francois Dufour verfasste, zeigen die beiden Autoren, wie man dem Trend zur Globalisierung erfolgreich ausweichen kann. Auf dem Larzac, ihrem Wohn- und Schaffensort, hatten inzwischen genossenschaftliches Arbeiten und eine »bäuerliche Landwirtschaft« Einzug gehalten. Die Bauern wollten nicht mehr zu industriellen Fleisch- und Käseerzeugern degradiert werden. Die Klein- und Biobauern sind auf ihrem Hof immer »Herr der Lage«, erzeugen Klasse statt Masse. Man gründete verschiedene Vereinigungen und hebelte das Erbrecht aus: Auf dem Larzac bekommen nur diejenigen auf Lebenszeit das Recht, den Boden zu bearbeiten, die sich in die Gemeinschaft einfügen und sich zu der bäuerlichen Landwirtschaft bekennen.

Während ihrer gewerkschaftlichen Tätigkeit deckten Bové und Doufour etliche Lebensmittelskandale auf. Zusammen mit ATTAC wehrt sich die Bauernbewegung gegen die Verbreitung von genmanipuliertem Saatgut, das die Artenvielfalt zerstört und die Bauern abhängig macht von den patentierten »Einmalsamen« der Industrie.

2005 wurde José Bové wegen der Verwüstung von Genmais-Plantagen im Rahmen einer sogenannten »Feldbefreiung« zu vier Monaten Haft verurteilt. Ein Jahr später verurteilte man ihn zu hundertachtzig Tagessätzen, weil er eine Plantage mit dem Monsanto-Produkt MON810 zerstört hatte. 2007 kandidierte Globalnix für das Amt des französischen Staatspräsidenten und erhielt 1,3 Prozent der abgegebenen Stimmen. Zwei Jahre später wurde José Bové als Spitzenkandidat des Bündnisses Europe Écologie in Südwestfrankreich in das Europäische Parlament gewählt.

Der Mann mit dem unbeugsamen Widerstandswillen durfte schon Jahre früher erfahren, was es heißt, sich mit den großen Jungs anzulegen. Es ist Sonntag, der 22. Juni 2003, 6 Uhr morgens. Die Sonne wirft ein mildes Licht auf das Larzac-Massiv. Auf dem Schafzüchterhof in Pontensac kräht inbrünstig der Hahn, als sich ein Helikopter nähert und die Erde um den Schreihals herum aufwirbelt. Achtzig geharnischte Polizisten entsteigen den heranfahrenden Mannschaftswagen und stoßen durch die Staubwolke ins Haus. Einige stürmen ins Schlafzimmer und zerren den Hausherrn mit gezogenen Maschinenpistolen aus dem Bett. Ein solcher Aufmarsch ist normalerweise für »Affaires du Grand Banditisme«, für schwere Bandenkriminalität, sowie Terrorismusprozesse reserviert.

In diesem Fall wurde die Ehre einem wehrhaften Schafzüchter zuteil, der bereits 1973 auf der Hochebene Larzac gegen die Pläne der französischen Armee kämpfte, die das Paradies durch einen Truppenübungsplatz ersetzen wollte. Globalnix Bové ließ sich in den letzten dreißig Jahren weltweit blicken. Man sah ihn auf der Rainbow Warrior von Greenpeace, fand ihn an der Seite von Tjibaou, dem Führer der kanadischen Unabhängigkeitsbewegung, bei Gewerkschaftskämpfen. Er war bei den Unabhängigkeitskämpfen auf Tahiti, in Mexiko-Stadt stand er an der Seite der Zapatisten: kurz, er war und ist überall dort, wo der Wind der Revolte weht. Die großen Jungs wissen schon, vor wem sie Angst haben müssen ...

Emma Goldman (1869–1940)
Tausend Kämpfe, aber nur ein Ziel

Als hätte man einen Riesenquirl in dieses Leben gehalten – so etwa ließen sich die einundsiebzig Jahre der Emma Goldman beschreiben. Hin und her geschleudert zwischen dem eigenen Gerechtigkeitssinn und den festgebackenen Verwerfungen ihrer Zeit. Ein Leben voller Verzweiflung über die Beharrlichkeit einer falsch konditionierten Gesellschaft. Angetrieben von einer unbändigen Sehnsucht nach Toleranz, Verständnis und Liebe unter den Menschen. Emma Goldman ließ sich in ihrem unermüdlichen Kampf für eine bessere Gesellschaft auch nicht durch die bitteren Zwischenbilanzen entmutigen, die sie immer wieder hat ziehen müssen. Wie diese zum Beispiel: »Selbst ohne Ehrgeiz und Initiative hasst die kompakte Mehrheit nichts so sehr wie Neuerungen. Sie hat dem Neuerer, dem Pionier einer neuen Wahrheit immer Widerstand geleistet, ihn verurteilt und verfolgt.«

Um mich in ihrer wilden Biografie nicht zu verheddern, reihe ich zu Anfang einige Stichworte aneinander, die dem Leser eine Ahnung von Emma vermitteln sollen: Anarchistin, Agitatorin, Frauenrechtlerin und Friedensaktivistin, ist Sigmund Freud, Peter Kropotkin, Ernest Hemingway und Lenin begegnet, hat sich gegen die Wehrpflicht eingesetzt und für die Rechte der Arbeiter, der Frauen und Kinder und für die freie Liebe. So. Der 1989 verstorbene US-amerikanische Philosoph und Nature-Writer Edward Abbey (in diesem Buch ebenfalls vertreten) kommentierte Emma Goldmans Engagement übrigens mit den Worten: »Anarchismus ist kein romantischer Irrglaube, sondern die nüchterne, auf fünftausend Jahren Erfahrung beruhende Erkenntnis, dass wir die Verwaltung unseres Lebens nicht Königen, Priestern, Politikern und Generälen anvertrauen können.«

Emma Goldman wird 1869 als Tochter eines jüdischen Theaterdirektors in Kowno (Litauen) geboren. Sie ist dreizehn, als die Familie nach Sankt Petersburg zieht, wo der Vater arbeitslos wird und sie als Korsettmacherin arbeiten muss. Mit sechzehn Jahren emigriert sie in die USA und schlägt sich als Näherin durch. Wieder erlebt sie Armut, die Allmacht von Unternehmern und Politikern sowie die Brutalität, mit der die Staatsgewalt gegen die für ihre Rechte kämpfenden Arbeiter vorgeht. Sie schließt sich der anarchistischen Bewegung an, deren Ideen sie bereits in Russland kennengelernt hatte.

Im August 1893, auf dem Höhepunkt einer grassierenden Wirtschaftskrise, stellt sich die gerade Vierundzwanzigjährige im New Yorker Union Square auf eine Kiste und ruft einer fünftausendköpfigen Menge von Arbeitslosen zu: »Guckt euch die 5th Avenue an! Jedes Haus ist eine Festung des Geldes und der Macht. Wacht auf! Traut euch endlich, eure Rechte zu verteidigen! Geht hin und fordert Arbeit! Wenn sie euch keine Arbeit geben, fordert Brot! Wenn sie es euch verweigern, holt es euch! Es ist euer Recht!« Für diesen Auftritt wird sie wegen »Anstiftung zum Aufruhr« zu einem Jahr Gefängnis verurteilt.

Doch Emma wäre nicht Emma, wenn sie sich davon hätte beirren lassen. Sie gibt eine Zeitschrift mit dem prophetischen Titel MOTHER EARTH heraus, opponiert gegen die Zwangsrekrutierung von Männern während des Ersten Weltkriegs, verficht weiterhin mutig das Recht auf freie Rede und vertritt das Ideal der »freien Liebe«, die auf gegenseitiger Achtung, nicht aber auf bürgerlichen Zwängen basieren sollte. 1916 wird sie erneut verhaftet, weil sie Informationsmaterial über Geburtenkontrolle verteilt hatte. Am 15. Juni 1917 verabschiedet der US-Kongress ein neues Spionagegesetz. Goldman und ihr Freund und Mitstreiter Alexander Berkman werden postwendend verhaftet und zu zwei Jahren Haft verurteilt. Nach Verbüßung dieser Strafe schob man sie in die Sowjetunion ab.

Irritiert von der politischen Repression im sowjetischen Alltag und von der Niederschlagung des Kronstädter Matrosenaufstandes durch die Rote Armee 1921, verlassen Goldman und Berkman Russland. Sie leben in England und später in Frankreich. Es folgen Aufenthalte in Schweden, Deutschland und Kanada. Nach dem Suizid ihres Freundes Berkman (1936) wird der spanische Bürgerkrieg Emmas neues Aktionsfeld. Sie reist von Katalonien aus nach London, um dort für das republikanische Spanien zu werben. In Kanada sammelt die Rastlose Geld. Während dieser Tour erleidet sie einen Schlaganfall und stirbt siebzigjährig in Toronto. Erst der Tod sorgte dafür, dass der Riesenquirl, den der Gott der Ruhelosigkeit in ihr Leben gehalten hat, zum Stillstand kam.

Emma Goldmanns bewegtes Leben bestand aber nicht nur aus ihrem politischen Engagement. Daher empfehle ich dringend, die Autobiografie dieser umtriebigen Frau mit dem großen Herzen zu lesen: »Living my Life«. In ihr finden sich Sätze, die sich so mancher Politwurm, Wirtschaftsgangster oder Medienschaffende von heute hinter die Ohren schreiben sollte:

»Wir Amerikaner behaupten, ein friedliebendes Volk zu sein. Doch wir schäumen über vor Freude über die Möglichkeit, Bomben aus Flugzeugen auf hilflose Zivilisten werfen zu können. Unsere Herzen schwellen vor Stolz bei dem Gedanken, dass Amerika im Laufe der Zeit seinen eisernen Fuß auf den Nacken aller anderen Nationen setzen wird. Das ist die Logik des Patriotismus.«

»Ich mag verhaftet werden, ich mag ins Gefängnis geschmissen werden, aber ich werde nie Ruhe geben! Ich werde nie Autoritäten dulden oder mich ihnen fügen, noch werde ich Frieden machen mit einem System, das Frauen zu nichts als einem Brutkasten degradiert!«

»Heute wie damals ist die öffentliche Meinung der allgegenwärtige Tyrann; heute wie damals ist die Mehrheit eine Masse von Feiglingen, die bereit ist, den zu akzeptieren, der ihre eigene elende seelische und geistige Verfassung widerspiegelt.«

»Die Menschen würden politisch noch immer in absoluter Sklaverei verharren, wenn es die John Balls *(ein englischer Priester, der für die soziale Gleichheit aller Menschen eintrat und die Aufhebung der Standesgrenzen forderte)*, die Wat Tylers *(ein englischer Bauernführer, der den Bauernaufstand von 1381 in England anführte)*, die Wilhelm Tells *(ein Schweizer Freiheitskämpfer um 1300)* nicht gäbe – die unzähligen Giganten, die Schritt für Schritt gegen die Macht von Königen und Tyrannen kämpften.«

Und wenn es Emma Goldmann nicht gegeben hätte, möchte man hinzufügen, die in einem verzweifelten Stoßseufzer Folgendes formulierte:

»Das Prinzip der Brüderlichkeit, dass der Agitator von Nazareth gelehrt hat, behielt den Keim des Lebens, der Wahrheit und der Gerechtigkeit so lange, als es das Leuchtfeuer der wenigen war. Indem sich die Mehrheit seiner bemächtigte, wurde dieses große Prinzip ein Erkennungszeichen und Vorbote von Blut und Feuer, das Leiden und Verderben verbreitete.«

Schriften

– *Anarchismus & andere Essays*. Unrast Verlag, Münster
– *Living my Life*. 2 Bände. Alfred A. Knopf, 1931.
– *Gelebtes Leben*. Übersetzung Renate Orywia, Sabine Vetter. Karin Kramer Verlag, Berlin 1978.
– *Niedergang der russischen Revolution*. K. Kramer Verlag, Berlin 1987
– Meine zwei Jahre in Russland – V. Lenzer Verlagskollektiv, München 2020

Michael Unterguggenberger (1884–1936)
Ein Lokomotivführer gegen die Hochfinanz

Kennen Sie das österreichische Wörgl? Liegt im Inntal, fünfundfünfzig Kilometer Luftlinie von Innsbruck entfernt. Sie kennen es nicht? Okay. Anfang der Dreißigerjahre kannte es die halbe Welt. Das »Wunder von Wörgl« machte in den von einer Wirtschaftskrise gebeutelten Industriestaaten blitzartig die Runde. Es gab also einen Ausweg aus Arbeitslosigkeit, Inflation und sozialem Elend! Und der wurde in der Region eines 14.000-Einwohner-Nestes in den Alpen aufgezeigt.

Der Name Wörgl ist untrennbar mit einem Mann verbunden, dessen Name so provinziell und heimatverbunden klingt, wie fast alles in Österreich: Unterguggenberger. Der Unterguggenberger Michel hatte bereits eine ungewöhnliche Biografie hinter sich, als er 1932 per Los zum Bürgermeister von Wörgl bestellt wurde, weil niemand das Amt übernehmen wollte. Er arbeitete zunächst als Sägewerkshilfsarbeiter, bevor er eine Lehre zum Mechaniker begann. Nach absolvierter Gesellenzeit erhielt er eine Anstellung bei der Bahn als Lokomotivführer. Als solcher fuhr er ins Amt. Wörgl stand vor dem Bankrott, die Gemeinde sparte auf Teufel komm raus. Vergeblich.

Das Wunder von Wörgl wurde der Jodelnation, um die Fußballersprache zu bemühen, aus der Tiefe des Raumes präsentiert. Vom Bürgermeister persönlich, den die Presse des Landes daraufhin prophylaktisch für verrückt erklärte. Das mussten die Schmierfinken jedoch bald zurücknehmen. Denn während das Elend im

Lande, in ganz Europa und auch in Übersee bedenkliche Ausmaße annahm und die Menschen massenhaft in Depressionen stürzte, blühte in einem Tiroler Tal das Leben neu auf.

Auch in Wörgl grassierte Anfang der Dreißigerjahre die Weltwirtschaftskrise. Auch dort war die Verzweiflung der Menschen groß. Bis Bürgermeister Unterguggenberger sich an ein Buch erinnerte, das er einmal gelesen hatte: »Die natürliche Wirtschaftsordnung durch Freiland und Freigeld« von Silvio Gesell. Nach Gesells These ist eine gleichmäßige Umlaufgeschwindigkeit des Geldes für eine krisenfreie Wirtschaft von hoher Bedeutung. Geld darf der Wirtschaft lediglich als Tauschmittel dienen. Da das Geld im Gegensatz zu Waren und menschlicher Arbeitskraft weder rostet noch verdirbt, konnte man es ohne Nachteil zurückhalten, also »horten«. Diese spekulative Verschiebung des Zahlungsmittels stört den Wirtschaftskreislauf erheblich. Durch Zinsen und Zinseszins würden »leistungslos« Reichtümer dort angehäuft, wo sie nicht benötigt werden.

Wow! Tief beeindruckt schritt der Unterguggenberger Michel zur Tat und druckte kurzerhand seine eigene Währung, das sogenannte »Schwundgeld«. Das neue Geld verlor jeden Monat ein Prozent an Wert, daher der Name. Die Menschen waren deshalb eher geneigt, es auszugeben, anstatt es zu horten. Und prompt geriet die Wirtschaft vor Ort in Schwung. Inmitten einer krisengeschüttelten Welt stellte sich die kleine Alpengemeinde wieder auf. Die Arbeitslosigkeit in der Region sank in den Keller, während sie überall sonst auf Rekordniveau stieg. Wörgl war das kleine gallische Dorf, das sich mit seinem Freigeld-Experiment dem zersetzenden Einfluss des alten Geldsystems erfolgreich widersetzte.

Das Wunder von Wörgl war zwar auf ein winziges Gebiet in Österreich beschränkt, fand aber sehr schnell weltweite Beachtung. Damit das Virus nicht auf die von der Hochfinanz kontrollierten Länder übergriff, in denen Krisen und Inflationen als immer wiederkehrende Begleiterscheinungen eines von Egoismus und Vorteilsnahme geprägten Systems in Kauf genommen werden, trat logischerweise irgendwann die andere Seite auf den Plan. Im Januar 1933 verbot die Tiroler Landesregierung auf Weisung des Bundeskanzleramts die weitere Ausgabe des Wörgler Schwundgeldes. Der Gemeinderat des Städtchens legte Beschwerde beim Verwaltungsgerichtshof ein, die aber mit der Begründung abgelehnt wurde, dass es nur der österreichischen Nationalbank gestattet sei, Geldnoten auszugeben und in Umlauf zu setzen. Nach dem Motto: »Du sollst keine Noten haben neben mir« wurde Wörgls Schwundgeld kurzerhand verboten und die Gemeinde wieder einverleibt in den trostlosen Verbund einer krisengeschüttelten Welt.

Das Wörgler Experiment war eine Dorfgeschichte, sicher, gleichzeitig aber war es auch ein Teil der Geschichte Österreichs – und in gewisser Hinsicht auch der Weltwirtschaftsgeschichte! Michael Unterguggenberger, dem Initiator des aufregenden Experiments, wurde erst 2018 mit dem Film »Das Wunder von Wörgl« ein weiteres Denkmal gesetzt.

Stanislaw Petrow (1939–2017)
Der Mann, dem wir unser Leben verdanken

Prägen Sie sich diesen Namen gut ein, denn egal wie alt Sie sind, Sie verdanken diesem Mann ihr Leben. Ohne ihn wären diejenigen unter uns, die vor dem 26. September 1983 geboren wurden, an diesem Tag im atomaren Feuer gekocht worden und die danach Geborenen hätten das Licht der Welt gar nicht erst erblickt. Stanislaw Petrow ist der Mann, der die Welt rettete. Nicht mehr und nicht weniger.

Petrow war damals vierundvierzig Jahre alt und Oberstleutnant der sowjetischen Luftstreitkräfte. Am 26. September 1983 war er als Diensthabender Offizier der Basis Serpuchow-15 eingeteilt, einer geheimen Kommandozentrale außerhalb Moskaus. Das sowjetische Militär wertete dort die Bilder von sieben Frühwarnsatelliten aus, die Abschussrampen und Militärbasen in den USA überwachten. Die internationale Lage war angespannt, US-Präsident Reagan hatte die Sowjetunion als das Reich des Bösen ausgemacht und nur drei Wochen zuvor hatten die Sowjets einen Linienflug der Korean Airlines* abgeschossen. Die Maschine war versehentlich in ihren Luftraum eingedrungen.

---

* Korean-Air-Lines-Flug 007 war die Flugnummer einer zivilen Boeing 747. Das Flugzeug wurde durch einen sowjetischen Abfangjäger wegen Verletzung des Luftraumes am 1. September 1983 über internationalen Gewässern westlich der Insel Sachalin abgeschossen. An Bord befanden sich 269 Personen (240 Passagiere und 29 Besatzungsmitglieder), die alle ums Leben kamen.

Am 26. September registrierte Petrow in der Basis Serpuchow-15 kurz nach Mitternacht den Abschuss einer amerikanischen Rakete. Wenig später einen zweiten, dritten, vierten und fünften. Das Frühwarnsystem meldete mit »höchster Wahrscheinlichkeit« einen Angriff der USA. Die Flugzeit von Interkontinentalraketen betrug fünfundzwanzig Minuten. Fünfundzwanzig Minuten, die der sowjetischen Seite blieben, um einen Gegenangriff zu starten.

Der wachhabende Offizier des russischen Generalstabs verlangte von Petrow eine Einschätzung der Lage. Nach fünf nervenaufreibenden Minuten entschied dieser, dass die Abschussberichte wahrscheinlich ein Fehlalarm waren. Eine Bauchentscheidung, wie Petrow später gestand. Es stellte sich schließlich heraus, dass der Überwachungssatellit auf reflektiertes Sonnenlicht reagiert hatte. Ohne das Bauchgefühl von Stanislaw Petrow hätten wir auch dies nie in Erfahrung gebracht.

Erst nach dem Ende der Sowjetunion wurden die Ereignisse jener Septembernacht 1983 bekannt. In den Folgejahren hat die Weltöffentlichkeit die Bedeutung von Stanislaw Petrow und seiner Geschichte erkannt und gewürdigt. So wurde ihm 2004 in Moskau und 2006 in New York der World Citizen Award für Verdienste um die Menschheit verliehen. Unter zahlreichen anderen Ehrungen wurde er 2011 auch mit dem Deutschen Medienpreis ausgezeichnet. Zwei Jahre später erhielt er den Friedenspreis der Stadt Dresden. Den Friedensnobelpreis allerdings erhielt der Mann nicht, obwohl es nie einen passenderen Kandidaten gegeben hat.

2013 erschien der Dokumentarfilm »The man who saved the world«. Mit dabei: Kevin Costner, Robert de Niro und Stanislaw Petrow. Im September 2015 erschien im Westend Verlag ein Buch von Ingeborg Jacobs über die weltgeschichtliche Bedeutung von Petrow. Titel: »Stanislaw Petrow: Der Mann, der den dritten Weltkrieg verhinderte«. Er war einfach nur zur richtigen Zeit am richtigen Platz, wie Petrow einmal sagte.

Der Mann, der die Welt rettete, starb am 19. Mai 2017.

Der Konfliktforscher Dr. Leo Ensel, dessen Schwerpunkt der »Postsowjetische Raum« ist und dessen Hauptanliegen im neuen Ost-West-Konflikt die Überwindung falscher Narrative, die Deeskalation und die Rekonstruktion des Vertrauens sind, schrieb in einem Nachruf unter anderem folgende Sätze:

»Fast zehn Jahre hatte es gedauert, bis die Nachricht von seiner Millionen Menschenleben rettenden Nicht-Tat allmählich in die Welt sickerte. Und dann dauerte es nochmals Jahre, bis er langsam wenigstens einen Bruchteil der Anerkennung erhielt, die er verdient.«

Julia Butterfly Hill (*1974)
Es gibt diese Momente im Leben

Ich war da, als sich Zehntausende US-amerikanischer Umweltschützer 1990 im sogenannten Redwood Summer in einem erbitterten Kampf gegen die Lumber Companys zur Wehr setzten, um die letzten kalifornischen Mammutbäume vor der »Aberntung« zu retten. Die Eindrücke habe ich 2008 in meinem Roman »Das Tahiti-Projekt« verarbeitet. Um eine Figur wie Julia Butterfly Hill (Jahrgang 1974) besser verstehen zu können, gebe ich einige Passagen hier noch einmal wieder:

> Heute war der Tag, an dem Pacific Lumber drei weitere Rodungsmaschinen anlieferte. Eine einzige dieser Killa Godzillas kostete über zwei Millionen Dollar und legte pro Tag bis zu tausend Bäume um. Wer ein solches Monstrum ausschaltete, erregte Aufmerksamkeit. Und nichts brauchten die Ökokrieger dringender als einen symbolträchtigen und medienwirksamen Erfolg.

Für einen kurzen Moment wurde es still, als hätte jemand dem sterbenden Wald das Leichentuch übergeworfen. Doch die Stille währte nicht lange. Aus der Ferne drang das quietschende Geräusch von Panzerketten an ihre Ohren.

Neun Männer stürmten in Dreiergruppen den Hang hinunter. Die Aufgaben waren genau verteilt. Der erste einer jeden Gruppe wickelte die Zündschnur von der Spule, ein Zweiter hob mit dem Spaten zwei Löcher aus und der Dritte buddelte die Tellerminen ein. Am Ende schlummerten sechs hoch explosive Zwillingsbomben im Abstand von zwanzig Metern in der Piste.

Wieder einmal überkam Cording ein nicht zu bändigender Hass auf die Spezies, der er angehörte und deren einzige Bestimmung die Zerstörung des Planeten zu sein schien. Irgendwann würde er an dieser Erkenntnis zerbrechen. Vielleicht hätte er seine Sensibilität im Widerstand ersticken sollen, er hätte zum Beispiel einer von diesen Guerillatypen werden können. Einer, der bereit war, guten Glaubens einen Forstarbeiter zu erledigen, bevor der letzte Baum zu Boden fiel. Der bereit war, sich selbst zu opfern, falls es notwendig sein sollte. Aber er war nun mal keiner, der klaglos seinen Ameisendienst verrichtete, nicht einmal in einer moralisch hochgerüsteten Armee. Außerdem war er zu feige für den Kriegsdienst. Er hatte sich für ein Reporterleben entschieden. Als Reporter blieb er unangetastet und wurde doch Zeuge all der Tränen, Ängste, Missverständnisse und Vergewaltigungen, Zeuge von Gewalt und Verbrechen, Zeuge für das gesammelte Aufgebot gegen die Lebensfreude. Auch keine einfach zu ertragende Aufgabe.

Ich erinnere mich an einen Spaziergang mit der *Earth-First*-Aktivistin Judi Bari. Wir schlenderten die Dorfstraße von Alderpoint hinunter in ein lang gezogenes Tal, in dem Hunderte bemooster, mannshoher Baumstümpfe in Reih und Glied standen wie Grabmale auf einem Heldenfriedhof. »All das hier war vor vierzig Jahren noch mit majestätischen Urwäldern bedeckt«, bemerkte Judi, »bis zu zweitausend Jahre alte Redwood-Riesen ragten über hundert Meter hoch in den Himmel. Zwischen Platt Mountain auf der einen und Wool Mountain auf der anderen Seite lebten unzählige Vogelarten, Reptilien und Wildkatzen. In den Bächen tummelten sich Forellen und Lachse. Dort drüben rauschte ein Wasserfall in die Tiefe ...« Meine Begleiterin ging in die Hocke und ließ eine Handvoll staubiger Erde durch die Finger rieseln. »Wo sind die Pflanzen und Tiere?«, fragte sie mit brüchiger Stimme, »wie können wir es nur aushalten ohne sie?«

Und nun zu meiner Heldin. Julia! Liebste Julia! Ich werde nie vergessen, was du in eine Fernsehkamera sprachst, nachdem du siebenhundertachtunddreißig Tage in der Baumkrone eines kalifornischen Küsten-Mammutbaums (du nanntest ihn Luna) gelebt hast, um ihn vor der Abholzung zu retten:

> »Der eigentliche Grund, alles, was ich in meinem Leben hatte, aufzugeben – meine Freunde, meine Arbeit, meine Karriere, meine Klamotten, mich umzudrehen, alles zu verkaufen und in den Wald zu gehen – war der atemberaubende Anblick dieses riesigen uralten Redwood-Baums, dessen Leben unmittelbar bedroht war. Wenn man so ein Wesen auf einem Foto sieht, kann es einen sehr berühren, aber wenn man davor steht, dann haut es einen einfach um. Dieser Wirklichkeitsschock jenseits der Medienwelt, fühlte sich für mich an, als würde eine Hand meine Eingeweide und mein Herz rausreißen, mich am Nacken packen und ins Geschehen stoßen. Es war nichts Politisches, nichts Wissenschaftliches. Ich glaube, es gibt diese Momente im Leben, wo wir etwas erkennen und ohne jeden Zweifel wissen, dass es falsch läuft und wir etwas unternehmen müssen. Hier oben habe ich nicht nur gelernt, dass ich auf einem Baum überleben kann, sondern dass ich hier auch aufblühen kann.«

Die Sequoias waren akut bedroht, als Julia Hill auf Luna kletterte. Die Pacific Lumber Company holzte die uralten Mammutbäume an der Westküste in schwindelerregendem Tempo ab. Ursprünglich an der gesamten Küste Nordkaliforniens heimisch, waren Ende des 20. Jahrhunderts über neunzig Prozent der Bestände verschwunden.

Julia war nicht nur mutig, sie war auch ein PR-Genie und somit Gold wert für die Umweltschutzbewegung. So gab sie per Handy vom Baum aus Interviews fürs Radio und empfing Fernsehteams. Hunderttausende hörten ihr zu, als sie sagte: »Ich verstehe, dass für jeden von uns andere Dinge wertvoll sind und dass ich für viele Menschen einfach nur ein dreckiger, Bäume umarmender Hippie bin. Aber ich kann einfach nicht verstehen, wie man auf so etwas Wunderbares mit einer Kettensäge losgehen kann.«

Für die Holzfirma (»Das Zeug steht da draußen und wir holen es uns«) war die spektakuläre Baumbesetzung ein nicht enden wollender PR-Albtraum. Julia Butterfly Hill blieb siebenhundertachtunddreißig Tage auf Luna. Sie lebte auf zwei je vier Quadratmeter großen Plattformen, mit einer Plastikplane als Regenschutz, überstand zwei extrem kalte Winter, unzählige Stürme sowie sämtliche Drohgebärden von Pacific Lumber. Die Firma hatte immer wieder versucht, sie mit gefährlich nah an den Baum heran fliegenden Hubschraubern einzuschüchtern oder ihr den Nachschub an Lebensmitteln abzuschneiden. Letzten Endes bekamen die Verantwortlichen Angst, dass sie herunterfallen und getötet werden könnte, was zu einem Imageverlust ohnegleichen geführt hätte. Und so erklärte sich die Pacific Lumber Company kurz vor Julias drittem Winter auf Luna bereit, den Baum nicht zu fällen, wenn sie absteigen würde.

Der damalige Präsident des Holzunternehmens erklärte dazu im Dezember 1999 auf CNN: »Sie wird uns fünfzigtausend US-Dollar für den Baum selbst sowie eine Zweihundert-Fuß-Pufferzone bezahlen.«

Am 18. Dezember 1999 verließ Julia Hill ihre Protestplattform in den Baumwipfeln. Sie gründete die Umweltschutzorganisation »Circle of Life«, schrieb mehrere Bücher und hält Vorträge. Um den Baum Luna und die Schutzzone um ihn herum kümmern sich seit der Baumbesetzung Stuart Moskowitz und seine Kollegen vom *Sanctuary Forest Land and Water Trust* (Quelle: Deutschlandfunk). »Ein Jahr, nachdem Julia wieder am Boden war, ging ein Vandale mit einer Kettensäge auf den Baum los und durchtrennte etwa sechzig Prozent des Baumquerschnitts«, heißt es in einer Mitteilung von *Sanctuary Forest Land and Water Trust*. »Wir wissen bis heute nichts über die Motive des Täters. Er wurde nie gefasst.«

Biologen, Umweltschützer und Forstwirte setzten alles daran, den Baum zu retten. Luna hat sich von dem Anschlag erholt und gedeiht wieder. Als Folge der Baumbesetzung erwarb die US-Regierung den größten kommerziell genutzten Küstenmammutbaumwald nahe Eureka und stellte ihn unter Schutz.

Viele Künstler wurden durch Julia Hill und ihre Aktion inspiriert und würdigten sie auf verschiedene Weisen:

Trey Anastasio und Tom Marshall schrieben das Lied »Kissed by Mist« über Hill.

Das Red Hot Chili Peppers Stück »Can't Stop» enthält die Zeile »J. Butterfly is in the treetop«.

2002 veröffentlichte Los Suaves zu ehren von Julia den Titel »Julia Hill« auf dem Album »Un paso atrás«, auf dem die Sängerin »Luna« heißt.

Neil Young stellte 2003 im Lied »Sun Green« auf dem »Greendale«-Album eine Verbindung zu Julia her. Der Charakter aus dem Stück möchte gerne Julia Hill treffen: »Still wants to meet Julia Butterfly«.

Die Zeichentrickserie »Die Simpsons« befasst sich in der Folge »Lisa als Baumliebhaberin« des Jahres 2000 ebenfalls mit Julia Hill und der Rodungsproblematik, als Lisa Simpson ebenfalls einen Küstenmammutbaum bewohnt, um das Abholzen eines Waldes zu verhindern.

Die Heldin des schwedischen Kinderbuchs »Julia räddar skogen« (»Julia rettet den Wald«, 2017) von Niklas Hill und Anna Palmqvist ist nach Julia Hill benannt. In dem Buch geht es um ein Kind, das einen Baum besetzt um den Bau einer Autobahn zu verhindern.

In dem Bestseller »Die Botschaft der Baumfrau« (Riemann Verlag) erinnert Julia Butterfly Hill uns eindringlich daran, welche Verantwortung wir für unsere Mitwesen auf diesem Planeten haben.

Julias Website: www.juliabutterflyhill.com

Rachel Carson (1907–1964)
Zündfunke der weltweiten Umweltbewegung

 Was für einen Menschen würde man hinter folgenden Berufsbezeichnungen vermuten: Zoologin, Biologin, Wissenschaftsjournalistin, Sachbuchautorin. Zweifellos eine Menschin, um es auf Neusprech zu sagen – d'accord.

Aber eine Poetin? Eine, die wissenschaftliche Zusammenhänge nicht nur plausibel erklärt, sondern ihnen die komplizierte Schwere nimmt, sie gleichsam wie eine Feder in unsere Richtung bläst?

Rachel Carson konnte das. Sie war der pulsierenden Natur in Ehrfurcht und Liebe verbunden, war sozusagen ein Teil von ihr. Die Ergebnisse ihrer wissenschaftlichen Forschung waren Etiketten für sie, die sie dem Wunder des Lebens zum besseren Verständnis anheftete. Gleichzeitig war sie darauf bedacht, dieses Wunder nicht unter Begrifflichkeiten zu ersticken. Der Leser ihrer Bücher hatte immer das Gefühl, mit den transportierten Fakten an der Blauen Blume der Romantik schnuppern zu dürfen.

Vielleicht hatte Rachel Carson Novalis gelesen. Der Freiherr von Hardenberg (1772–1801) muss ihr aus der Seele gesprochen haben, als er schrieb: »Naturforscher haben die unermessliche Natur zu mannigfaltigen, kleinen gefälligen Naturen zersplittert und gebildet. Unter ihren Händen starb die freundliche Natur, und ließ nur tote, zuckende Reste zurück. Es ist schon viel gewonnen, wenn das Streben, die Natur vollständig zu begreifen, zur Sehnsucht sich veredelt, zur zarten, bescheidenen Sehnsucht, die sich das fremde Wesen gerne gefallen lässt, wenn es nur einst auf vertrauteren Umgang rechnen kann ...«

1951 veröffentlichte Carson »The Sea Around Us« (deutsche Ausgabe: »Geheimnisse des Meeres«), das zwei Jahre lang ohne

Unterbrechung auf der Bestsellerliste der *New York Times* stand und in über dreißig Sprachen übersetzt wurde. Unsterblich aber wurde sie durch ihr Buch »Silent Spring«, das 1962 erschien. Es gilt bis heute als Zündfunke der weltweiten Umweltbewegung. »Der stumme Frühling« rüttelte die Welt auf. Rachel Carson macht in dem Buch auf den maßlosen Gebrauch von Pestiziden aufmerksam – und auf dessen Folgen.

In den 1950er-Jahren wurden in den USA Unmengen von DDT und noch weit gefährlichere Pestizide über Agrarflächen gesprüht, weil man glaubte, damit die Insektenplagen endgültig ausrotten zu können. Dass damit das ökologische Gleichgewicht zerstört wurde, wollte man an höchster Stelle nicht wahrhaben.

Natürlich wehrten sich die Pestizidhersteller gegen das Buch. Die in Chicago ansässige Velsicol Chemical Corporation legte dem Verlag Houghton Mifflin schon im Vorweg nahe, die Veröffentlichung von »Silent Spring« noch einmal zu überdenken, und drohte mit rechtlichen Schritten, sollte es erscheinen. Velsicol deutete in dem Schreiben auch an, dass Rachel Carson Teil einer ausländischen Verschwörung sein könne, die auf diese Weise der Lebensmittelproduktion in den USA schaden wolle. Die *National Agricultural Chemicals Association* gab zweihundertfünfzigtausend US-Dollar aus, um gegen Rachel Carson und ihr Buch vorzugehen, und das Chemieunternehmen Monsanto veröffentlichte unter anderem die Satire »The desolate year« (»Das trostlose Jahr«), das in düsteren Farben ein Leben ohne Pestizide ausmalte.

Das änderte nichts daran, dass »Silent Spring« in der amerikanischen Öffentlichkeit wie eine Bombe einschlug. Eine Zusammenfassung des Buches erschien im Magazin *The New Yorker*. Die Reaktionen waren so lebhaft, dass am 22. Juli in der *New York Times* ein Artikel erschien, der die Überschrift trug: »The Silent Spring is now Noisy Summer – Der Stumme Frühling ist nun ein lauter Sommer«.

Am 29. August 1962 fragte ein Reporter Präsident Kennedy auf einer Pressekonferenz im Weißen Haus, ob die Regierung sich mit den langfristigen Auswirkungen des Pestizideinsatzes beschäftige. Kennedy verwies auf Carsons Buch und kündigte an, eine Untersuchungskommission einzuberufen. »Die Macht ihres Wissens und die Schönheit ihrer Sprache machten sie zu einer der einflussreichsten Frauen unserer Zeit«, schrieb die *New York Times*, als Rachel Carson anderthalb Jahre nach Erscheinen ihres revolutionären Buches an Krebs starb. Ihr Vermächtnis steckt in Sätzen wie diesen:

> »Ich bin überzeugt, dass es noch nie eine größere Notwendigkeit als heute gegeben hat, über die natürliche Welt zu berichten und sie zu interpretieren. Die Annahme scheint mir vernünftig, dass je klarer wir unsere Aufmerksamkeit auf die Wunder und die Realitäten des uns umgebenden Universums richten können, desto weniger Zerstörungslust werden wir empfinden.«

Das Verbot von DDT in den USA und in Europa – das maßgeblich auf ihr Buch »Silent Spring« zurückging – erlebte Rachel Carson nicht mehr.

Schriften, eine Auswahl

- *The Sea around us.* 1950, deutsche Ausgabe: Geheimnisse des Meeres.
- *The Edge of the Sea.* 1955, deutsche Ausgabe: Am Saum der Gezeiten.
- *Silent Spring.* 1962, deutsche Ausgabe: Der stumme Frühling. Mit einem Vorwort von Theo Löbsack.
- *The Sense of Wonder. A Celebration of Nature for Parents and Children.* Deutsche Ausgabe: Magie des Staunens. Die Liebe zur Natur entdecken.
- Linda Lear (Hrsg.): *Lost Woods. The Discovered Writing of Rachel Carson.*

Nick Hanauer [*1959]
Das große Warten auf die Mistgabeln

Endlich, möchte man sagen, endlich ist einer dieser superreichen Säcke (sorry) mal zur Besinnung gekommen. Im März 2012 hielt der Multimilliardär Nick Hanauer bei TED TV einen Vortrag, der allerdings nicht gesendet wurde. Zur Rechtfertigung der Nichtausstrahlung führte der Kurator von TED aus, dass Hanauers Vortrag »deutlich parteiisch« gewesen sei. Inzwischen ist die Rede im Netz zu finden – mit einer Verzögerung von sieben Jahren. Das unabhängige Eventformat, das es sich zum Ziel gesetzt hat, neuen Ideen eine Bühne zu geben, tat sich mit der Zensurmaßnahme keinen Gefallen. Denn als Reaktion auf die Unterschlagung seines Vortrages hat Nick Hanauer einen offenen Brief an Amerikas Geldelite verfasst, der weltweit für Aufsehen sorgte. Ich gebe diesen Brief hier in Auszügen wieder, damit ihr versteht, warum ausgerechnet einer aus der Clique der skrupellosen Finanzgeier unter meinen HEROES Platz nehmen durfte. Bitte sehr:

Offener Brief an meine reichen Freunde

Sie kennen mich wahrscheinlich nicht, aber ich bin einer dieser 0,01% uneinsichtigen Kapitalisten. Ich habe etwa 30 Unternehmen in unterschiedlichen Branchen mitbegründet und finanziert. Vom Nachtclub bis zu Amazon.com. Ich bin der Gründer des Internet-Werbeunternehmens aQuantive, welches im Jahr 2007 von dem Softwarehersteller Microsoft für etwa sechs Milliarden (!) US-Dollar übernommen wurde. In bar. Meine Freunde und ich besitzen eine Bank. Ich sage Ihnen das, weil ich in vielerlei Hinsicht nicht anders bin als Sie. Für meinen Erfolg führe ich ein Leben, von dem 99,9% der Amerikaner nicht einmal zu träumen wagen.

Lassen Sie uns offen sprechen. Ich bin nicht der intelligenteste Mensch oder der am schwersten Arbeitende. Was mich von anderen unterscheidet, ist wohl die Eigenschaft zu sehen, wo die Reise hingeht und was in der Zukunft passieren wird. Und was sehe ich in unserer Zukunft? Ich sehe Mistgabeln!

Während Menschen wie du und ich von der Plutokratie (Herrschaft des Geldes) träumen, liegt der Rest des Landes, die 99,9%, am Boden. Die Kluft zwischen Arm und Reich wird immer schlimmer. Aber das Problem ist nicht die Ungleichheit an sich. Diese ist immer untrennbar mit jeder kapitalistischen Wirtschaft verbunden. Das Problem ist, dass diese Ungleichheit auf einem historischen Hoch angelangt ist und von Tag zu Tag schlimmer wird. Wenn sich unsere Politik nicht dramatisch ändert, wird die Mittelschicht verschwinden und wir werden wieder im späten 18. Jahrhundert in Frankreich sein. Vor der Revolution.

Und so habe ich eine Botschaft für meine steinreichen Kollegen und Kolleginnen und alle, die in dieser Blase leben: Wachen Sie auf! Wenn wir nicht bald etwas tun, um die eklatanten Ungerechtigkeiten in unserer Gesellschaft zu beheben, werden die Mistgabeln zu uns kommen. Am Anfang geraten wir in einen Polizeistaat, dann kommen die Aufstände. Plötzlich setzt jemand etwas in Brand und dann gehen Hunderttausende auf die Straßen. Bevor man sich versieht, steht das ganze Land in Flammen. Wir werden keine Zeit mehr haben, um uns in den SUV zu setzen, zum Flughafen zu fahren und nach Neuseeland zu flüchten.

Ich habe erkannt, dass ich meine isolierte Welt der Superreichen verlassen und mich einmischen muss.

Während der letzten drei Jahrzehnte wuchsen die Abfindungen für Manager 127-mal schneller als die der Arbeitnehmer. Manager verdienen das 500-fache des Durchschnittseinkommens. Doch kein Unternehmen hat seine Führungskräfte beseitigt oder nach China ausgelagert, oder ihre Arbeitsplätze automatisiert.

Ich verdiene etwa tausend Mal mehr als der Durchschnittsamerikaner, aber ich kaufe nicht tausend Mal mehr Zeug. Ich kaufe ein paar Hosen und ein paar Hemden im Jahr, genau wie die meisten amerikanischen Männer. Ich könnte tausend Hemden kaufen. Aber warum sollte ich? Stattdessen stecke ich mein Geld in die Socke, wo es dem Land nicht viel Gutes tut. Vergessen Sie also das Argument, Amerika sei so groß, weil es von Menschen wie dir und mir und Steve Jobs gemacht wurde. Sie kennen die Wahrheit, auch wenn Sie es nicht zugeben: Wäre einer von uns in Somalia oder im Kongo geboren, wären wir vielleicht nur ein barfüßiger Kerl, der an einem Feldweg Obst verkauft.

Ich weiß, was Sie denken: Sie denken, dass Occupy Wall Street und all die anderen »Kapitalismus-ist-das-Problem-Demonstranten« spurlos verschwunden sind. Aber das ist nicht wahr. Das kommt euch nur so vor, weil ihr die Nachrichten nicht verfolgt. Viele unserer Mitbürger beginnen zu glauben, dass der Kapitalismus selbst das Problem ist. Ich glaube das nicht, und ich bin sicher, Sie auch nicht. Kapitalismus ist die größte Sozialtechnologie, die jemals erfunden wurde, um den Wohlstand der menschlichen Gesellschaften zu erschaffen. Aber wenn im Kapitalismus nicht gegengesteuert wird, neigt er zu Konzentration und Kollaps. Er kann auf zwei Arten verwaltet werden: dass wenige kurzzeitig oder viele langfristig profitieren.

Wir können uns auch weiterhin zurücklehnen, nichts tun, unsere Jachten genießen und auf die Mistgabeln warten.

Hier noch einige Informationen zu Nick Hanauer:

In den 1990ern war Hanauer der erste nicht zur Gründerfamilie gehörende Investor bei Amazon.com, wo er bis 2000 als Berater arbeitete.

Er war Mitbegründer des *The True Patriot Network*, einer progressiven Denkfabrik, die entsprechend den Konzepten begründet wurde, die er und Eric Liu 2007 in ihrem Buch über patriotischen Fortschritt veröffentlichten: »The True Patriot«.

Gemeinsam mit seiner Frau leitet er die *Nick and Leslie Hanauer Foundation*, die sich mit staatlicher Bildung, Umweltschutz und vielen regionalen und nationalen Themen der Modernisierung der Gesellschaft befasst.

Hier der Vortrag von Nick Hanauer auf TED TV, der zwar schon 2012 gehalten wurde, aber erst 2019 ins Netz gestellt wurde: www.ted.com/talks/nick_hanauer_the_dirty_secret_of_capita lism_and_a_new_way_forward.

Derrick Jensen (*1960)
Eine brüllend laute Ode an die Schöpfung

Warum er? Ich hätte genau so gut den *Earth-First!*-Gründer Dave Foremen oder Theodore Kaczynski, den »Unabomber«, nehmen können. Sie alle plädieren für einen gewaltsamen Widerstand gegen ein System, das unserem Planeten mit nie gekannter Wucht an die Gurgel geht. »Ich weiß ja, dass es von größter Wichtigkeit ist, Herz und Verstand der Menschen zu ändern«, schreibt Derrick Jensen in seinem Bestseller »ENDGAME«, »und ich weiß, dass das vor allem für die jungen Menschen gilt. Aber wenn wir darauf warten, wird ein Großteil der Welt tot sein. Wir haben einfach keine Zeit mehr.«

Derrick Jensen ist ein US-amerikanischer Umweltaktivist. Und er ist Autor. Allein deshalb fühle ich mich ihm mehr verbunden, als den beiden anderen ehrenwerten »Kriegern«. Zumal ich bei ihm ständig das Gefühl habe, dass er in Gefahr schwebt, im Knast zu landen oder von der Platte geschossen zu werden.

Merkt euch seinen Namen. Derrick Jensen ist ein Prediger. Er ermahnt uns, dass es an der Zeit ist, die Komfortzone des kritischen Betrachters zu verlassen und aktiv zu werden. »Dass wir den Ökozid verleugnen, heißt nicht, dass er nicht stattfindet«, heißt es in »ENDGAME«. »In Anbetracht des auf dem Spiel stehenden Einsatzes – das Leben auf der Erde – müssen wir unserem Siegeswillen den Zusatz UM JEDEN PREIS! anhängen.«

Da schlackern einem die Ohren. Derrick Jensen, hat sich in die Pflicht genommen, uns mit allen ihm zur Verfügung stehenden Mitteln aufzurütteln. Das gelingt ihm mit einigem Erfolg. Seine

Vorträge finden inzwischen auf großer Bühne statt und sind stets ausverkauft. Seine Bücher erreichen Rekordauflagen. Jensen ist Kult. Viele seiner Anhänger halten ihn für einen Träumer, aber sein Traum fällt bei ihnen auf fruchtbaren Boden. Vielleicht hat man auf einen wie ihn nur gewartet. Auf einen, der den Mut hat, in aller Öffentlichkeit zu militanten Aktionen aufzurufen und sie als Notwehrmaßnahmen zu deklarieren. Der diese Aufrufe mit praktischen Hinweisen garniert, wie, wo und womit man der mörderischen Zivilisation in die Speichen greifen kann. Der sie vor allem immer wieder überzeugend begründet, wie beispielsweise mit dieser Aussage, die seine Zuhörer dort trifft, wo er sie treffen will: im Herzen.

> Es wäre ein Irrtum, zu glauben, dass unsere Zivilisation nur Wälder kahl schlägt. Sie tut dasselbe mit unserer Psyche. Es wäre verfehlt, zu glauben, dass sie nur Flüsse mit Dämmen verbaut. Sie errichtet auch in uns Dämme. Es wäre verfehlt, zu glauben, dass sie nur in den Meeren tote Zonen erzeugt. Sie schafft tote Zonen in unseren Herzen und in unseren Köpfen. Es wäre verfehlt, zu glauben, sie würde nur Habitate zerstückeln. Auch wir werden zerstückelt, zertrennt, zerfetzt, zerrissen und zermalmt.

Jensens Rhetorik ist ein einziger Hilfeschrei. Auch andere Mahnwesen schreien sich angesichts des sich fortsetzenden ökologischen Desasters die Lunge aus dem Leib. Was unterscheidet Derrick Jensen von diesen aufgebrachten Zeitgenossen? Ganz einfach: Seine Empörung ist nicht wie ihre ausschließlich faktenbezogen. Sie ist eine mit Poesie durchzogene brüllend laute Ode an die Schöpfung. Der Mann beklagt, dass wir bei all dem, was uns vor unseren Augen da draußen genommen wird, nicht einmal ein Gefühl des Verlustes verspüren. Das hat Erweckungspotenzial.

In den vielen Diskussionen und Sendungen, die ich nach Erscheinen meines Buches »GO! – Die Ökodiktatur« Anfang der Neunzigerjahre durchstehen musste, habe ich einen Satz immer wieder rekapituliert, weil ich schnell gemerkt hatte, dass die Menschen sich mit komplizierter Analyse überfordert fühlen. Dieser Satz lautete: »Wir Menschen haben Jahrhunderte lang in unser

Wohnzimmer uriniert. Anstatt aber unsere Lebensweise zu hinterfragen, diskutieren wir lieber über die Saugfähigkeit des Teppichs.«

Verstehen Sie? So etwas sitzt und bleibt sitzen. Jensen arbeitet ähnlich. Er findet wunderbar eindringliche Bilder wie dieses hier: »Die Todeskandidaten, die im Tanzsaal kauern, müssen jeden davon abhalten, der Natur zuzuhören, aus Angst, es könnte sie an etwas erinnern, was sie vergessen haben.«

Wie häufig habe ich ihm beim Lesen seiner Bücher in Gedanken zugerufen: »Lass gut sein, Derrick, der Drops ist gelutscht!« Er weiß es wohl selbst. Für ihn gibt es nur zwei Dinge: träumen oder albträumen. Dass wir am Ende sind, ist ihm auch klar. »Verschlafen sollten wir den Zusammenbruch unserer Zivilisation aber nicht, obwohl ich glaube, dass genau das passieren wird, dass die meisten ihn gar nicht bemerken werden, weil sie die Indizien für den bevorstehenden Zusammenbruch nicht zu deuten wissen. Schließlich fühlt er sich für jeden anders an.«

Das Ende unserer Zivilisation, so prognostiziert es Derrick Jensen, wird uns nicht wie eine aus tausend Kilometern Entfernung abgeschossene Rakete treffen, es wird viele Gesichter haben. »Vielleicht kommt es in Gestalt so schlimmer Hungerkatastrophen, dass wir die Toten nicht mehr zählen mögen. Für diejenigen, die sich bisher in Onlinepetitionen gegen die Zentralisierung der Macht und gegen das System der totalen Überwachung zur Wehr gesetzt haben, könnte der Zusammenbruch nach Tränengas, Verhaftung oder Konzentrationslager riechen. Für arbeitslose Jugendliche wird er aussehen wie Einstichstellen in der Armbeuge, wie Schürfwunden, wie der kurze Kick eines Crackkrümels, mit denen ihr Viertel von der CIA überschwemmt wird.«

Vielleicht fühlt er sich aber auch wie gar nichts an. Vielleicht klingt er wie gar nichts, sieht aus wie gar nichts. Oder wie Derrick Jensen es formuliert: »Vielleicht ist er der unverkennbare Geruch im Inneren eines Polizeiautos und der Blick durch das Rücksitzfenster auf ein kleines Mädchen, das an einer Eiswaffel leckt, und das Wissen, dass Sie so etwas niemals mehr in ihrem Leben sehen werden.«

»Die Welt wird, wenn überhaupt, nur durch Rebellen gerettet werden.« – *André Gide*

Werke, eine Auswahl

- *A Language Older Than Words*, Context Books
- *The Culture of Make Believe*. Context Books
- *Strangely Like War: The Global Assault on Forests* (mit George Draffan), Chelsea Green
- *Endgame: Zivilisation als Problem*, Pendo Verlag
- *Das Ökomanifest: Wie nur 50 Menschen das System zu Fall bringen und unsere Welt retten können*, Pendo Verlag
- *Mischief in the Forest: A Yarn Yarn* (mit Stephanie McMillan), PM Press

Ibrahim Abouleish (1937–2017)
Vom Seelenbild
zu einem nachhaltigen Paradies

Schon sein Name strahlt jene Energie aus, die sechzig Kilometer nördlich von Kairo auf siebzig Hektar Wüste ein biologisch-dynamisches Wunder hat entstehen lassen: die SEKEM-Farm. SEKEM ist eine altägyptische Hieroglyphe und steht für die sonnendurchflutete Lebenskraft. Diese Hieroglyphe muss Ibrahim Abouleish beseelt haben und ihm ein ständiger Antrieb gewesen sein. Jedenfalls ist die 1977 begonnene Umsetzung seiner Vision wunderbare Wirklichkeit geworden.

SEKEM ist zum Marktführer in der biologischen Landwirtschaft geworden. Die Farm ist eine Welt für sich, in der über 2000 Menschen beschäftigt sind. In der Gemeinschaft entstanden Kindergärten, Schulen, Forschungseinrichtungen, eine Poliklinik, Kunstprojekte und ab 2009 eine eigene Universität. »SEKEM ist nicht nur die Mutterfarm von 850 Bauernhöfen, die überall in Ägypten auf mehr als 10.000 Hektar biologisch-dynamische Landwirtschaft betreiben«, bilanzierte Ibrahim Abouleish vor seinem Tode stolz, »wir sind auch eine Unternehmensholding aus acht erfolgreichen Firmen, die Lebensmittel, Gewürze und Tee herstellen, verarbeiten und exportieren. Die aus heilenden Pflanzen Medizin entwickeln und international vermarkten. Die ihre biologisch angebaute Baumwolle zu gesunder Kinderkleidung verarbeiten.«

Ibrahim Abouleish mochte es nicht, wenn man von SEKEM als seiner Vision sprach. »Eine Vision ist etwas sehr Abstraktes und entwickelt keine Anziehungskraft. Ich spreche lieber von einem Seelenbild. Ein Seelenbild ist nicht erdacht, sondern gefühlt. Ich hatte also das Gefühl, in die Wüste gehen zu müssen, Brunnen zu bohren, Pflanzen zu kultivieren, so viele, dass auch Menschen kommen würden, um dort zu arbeiten und zu lernen. Meine Seelenbilder waren sehr konkret. Ich spürte den Schatten der Bäume in der Wüste, sah das Grün und die Farben der Blumen, hörte das Brummen der Insekten und den Gesang der Vögel. Das war so etwas wie ein gefühltes Gebet ...«

Dass dem Mann ein solches Seelenbild erwuchs, war nicht absehbar. Der Ägypter war ein kopfgesteuerter Mensch, der zunächst ganz andere Vorstellungen von seinem Leben hatte. Er studierte in Graz, promovierte 1969 in technischer Chemie und arbeitete danach in führender Position in der industriellen Arzneimittelforschung. Während eines Heimatbesuches im Jahre 1977 erlitt er den heilsamen Schock. Er war bestürzt über den Bildungsnotstand, über Armut und Umweltverschmutzung seines Landes. Noch im selben Jahr kehrte er Europa den Rücken und gründete die »Entwicklungsinitiative« SEKEM.

Sein Sohn Helmy, der die Farm heute leitet, ist Unterstützer des Equilibrismus e. V., für den ich die »Maeva«-Trilogie geschrieben habe. Über ihn haben wir hautnah erfahren, wie sich SEKEM »anfühlt«. Ich habe diese Impressionen im zweiten Band der Trilogie in einem Kapitel verarbeitet, das ich hier in Auszügen wiedergeben möchte:

Ibrahim Abouleish begrüßte Maeva mit einem formvollendeten Handkuss. Eine lieb gewonnene Etikette aus Graz, wo er lange Jahre studiert hatte. Er bat sie und Cording in dem Elektrofahrzeug Platz zu nehmen, das er anschließend behutsam durch die kilometerlangen Plantagen steuerte. Der Übergang zwischen den üppigen Paradiesgärten und der angrenzenden Wüstenei konnte nicht krasser sein. Von einem Meter zum anderen schien man den Planeten zu wechseln.

»Die meisten Menschen sind der Meinung, dass die Wüste nichts ist als totes Territorium«, sagte ihr Gastgeber, »das ist Unsinn. Der Sand steckt voller Mikroorganismen. In SEKEM haben wir gelernt, sie zu aktivieren. Inzwischen arbeiten sie für uns. Aus der fruchtbar gemachten Erde erwachsen aber nicht nur Pflanzen, sondern auch Ideen. Hunderte von Arbeitsplätzen sind auf diese Weise entstanden. Und da wir alle, jeder an seinem Platz, fasziniert sind von den Möglichkeiten, die uns die Natur bietet, sind wir zu einer echten Gemeinschaft zusammengewachsen. Als ich damit begann, die SEKEM-Farm aufzubauen«, fuhr Abouleish fort, »kam ich mir vor wie ein Maler, der vor einer leeren Leinwand steht, aber keinen Zugang findet. Bis er schließlich erkennt, dass es nur eines ersten Pinselstriches bedarf, um den Schöpfungsprozess in Gang zu setzen. Das Bild wird plötzlich zum Gegenüber, es fordert, bekommt eine eigene Persönlichkeit, ja fast einen eigenen Willen. Am Ende sind wir es, die das Bild fragen, wohin es möchte. Das Erstaunliche ist: Es antwortet uns. Wir denken immer, dass es der Mensch ist, der erfindet. Der Mensch erfindet nicht, er entdeckt.«

Cording war verblüfft, wie geschickt es Abouleish verstand, die Entwicklung eines landwirtschaftlichen Zuliefererbetriebes wie die Entstehung eines Kunstwerkes aussehen zu lassen. »Wir bauen auf die Symbiose aller Lebewesen, in der Erde, wie auf der Erde, ob es sich nun um Pflanzen handelt oder um Tiere.« Abouleish lachte so herzhaft auf, als habe er die Gesetze des Kosmos mitformuliert. »Unsere Farm ist ein nachhaltiges Entwicklungsmodell für die ganze Welt«, betonte er stolz, »hier gibt es keine Besserwisserei, hier lernen wir voneinander.«

Sie tauchten ein in den Schatten eines geschickt gestaffelten Rings aus Bäumen und Windschutzhecken, passierten die vor Kraft strotzenden Obst- und Gemüsegärten, in denen Papayas, Bananen, Orangen, Ananas, Mangos, Bohnen, Tomaten und Kürbisse wuchsen, während die angrenzenden Baumwollfelder an riesige Wattebäusche erinnerten. Der Weizen stand prächtig unter der Sonne und in der »Apotheke«, wie der Heilkräutergarten in SEKEM genannt wurde, bogen sich die zarten Blüten nach den unerhörten Klängen einer eigens für sie geschriebenen Windsinfonie. Die Luft war selbst dort noch angenehm temperiert, wo sich kein Schatten fand. Das lag an dem ausgeklügelten Bewässerungssystem, dessen schmale Kanäle das gesamte Anbaugebiet durchzogen.

Schließlich gelangten sie an eine mit Klee und Butterblumen bewachsene Wiese, auf der – Cording mochte es kaum glauben – vierzig bis fünfzig schwarz-weiß gefleckte Holsteiner Rinder grasten. Sie waren tatsächlich aus Deutschland importiert worden, wie er später erfahren sollte.

Abouleish hielt an. »Zwei Dinge haben SEKEM auf die Beine geholfen«, hörte Cording ihn sagen, »Wasser und Kompost. Wobei Sie sich denken können, dass es nicht gerade einfach war, Wasser in der Wüste zu finden und zu fördern. Wir mussten bis zu hundertzwanzig Meter tief bohren, bis wir auf Grundwasser gestoßen sind. Die Brunnen haben wir von unten nach oben gebaut, eine ziemlich ungewöhnliche Methode. Aber ebenso wichtig wie das Wasser ist der Kompost. Der Mist unserer Kühe ist dafür unerlässlich. Es ist vor allem der Kompost, der die Wüste lebendig macht.«

Auszeichnungen

- 2003: Right Livelihood Award (Alternativer Nobelpreis)
- 2005: Ehrendoktorat der Medizinischen Universität Graz
- 2010: Ehrendoktorat der Technischen Universität Graz
- 2011: B.A.U.M. Umweltpreis für langjähriges herausragendes Engagement und beispielhafte Initiative im Bereich des Umweltschutzes und der nachhaltigen Entwicklung auf ganzheitlicher Grundlage.
- 2012: Oslo Business for Peace Award, The Business for Peace Foundation.

Ken Saro-Wiwa (1941–1995)
We SHELL overcome

»Es sind keine abstrakten Mächte, die das hier zu verantworten haben«, ließ sich Shark vernehmen, »es sind Menschen, so real wie wir. Sie haben Gesichter, Namen und Adressen wie wir. Sie haben Familien, wie wir auch. Sie gehen essen und scheißen wie wir. Aber benehmen tun sie sich nicht wie wir! Diese Herrschaften definieren alles, was sie in die Finger kriegen, als Ware, ob Mensch oder Natur. Wir haben zugelassen, dass diese Zombies unsere Werte verderben. Und immer noch starren wir wie hypnotisiert auf die Auswüchse ihres selbstzerstörerischen Systems, dessen kapitale Dummheit uns in den kollektiven Untergang führt.« Er stieß mit dem Stock einmal kräftig auf den Boden, als wollte er sämtliche Erdgeister auf einmal beschwören. »Warum rücken wir den verantwortlichen Herrschaften in den Vorstandsetagen der beteiligten Firmen nicht endlich auf die Pelle?«, schrie Shark mit zitternder Stimme. »Warum machen wir ihnen und den Politikern, die ihre Schwereien begünstigen, nicht klar, dass sie Freiwild sind? Wir handeln aus Notwehr! Wir haben jedes Recht dazu!«

Dies ist eine Szene aus meinem Roman »Das Tahiti-Projekt«, in dem Shark, der Moderator der GO!-Show (GO: Global Observer) über die Ölsandgewinnung in Kanada berichtet, die das Land entlang des Flusses Athabasca in eine Hölle verwandelt hat. Ich war da, ich habe es gesehen. Die Ölsandindustrie hat sich den »Umbau« dieses Naturparadieses bislang über neunhundert Milliarden Dollar kosten lassen.

Ähnlich hoch dürften die Investitionen von Shell am Golf von Guinea sein, wo es dem Ölmulti gelungen ist, das Land der Ogoni seit 1958 in eine unübersehbare Schlammwüste zu verwandeln. Die Ogoni sind ein Volk von einer halben Million Menschen, die auf einer Fläche von tausend Quadratkilometern im ölreichen Nigerdelta zu Hause sind. Aber Ogoniland ist abgebrannt. Auslaufendes Erdöl hat die landwirtschaftlichen Flächen vernichtet, für die Fischerei genutzte Gewässer vergiftet, riesige Mangrovenwälder »einknicken« lassen und einen Großteil der natürlichen Lebensräume zerstört. Shell muss sich den Vorwurf gefallen lassen, die Bauern und Fischer des Nigerdeltas in Armut und Krankheit geschickt zu haben. Außerdem ist die Luft dort durch das Abbrennen von Erdgas erheblich verschmutzt. Das Land der Ogoni gilt heute als eine der am schlimmsten verpesteten Regionen der Welt. In den letzten fünfzig Jahren sind mehr als zwei Milliarden Liter Rohöl in das empfindliche Ökosystem geflossen. Die Vereinten Nationen schätzen, dass es mindestens dreißig Jahre dauern wird, die entstandenen Umweltschäden zu beseitigen.

Im Vorwort zu diesem Buch hatte ich geschrieben, dass ich fünfzig Persönlichkeiten ein Andenken setzen möchte, von denen sich einige unter enormen Risiken und unter Einsatz ihres Lebens einer himmelschreienden Ungerechtigkeit entgegengestellt haben. Ken Saro-Wiwa war so ein Mensch. Der nigerianische Bürgerrechtler, Schriftsteller und Fernsehproduzent wurde am 31. Oktober 1995 in einem Schauprozess mit acht seiner Mitstreiter zum Tode verurteilt und zehn Tage später hingerichtet.

Was war sein Verbrechen? Als die Ogoni sich gegen die Zerstörung ihrer Lebensgrundlagen zu wehren begannen, war es Ken Saro-Wiwa, der die Protestbewegung steuerte. 1990 gründete er mit einigen Mitstreitern die MOSOP, das »Movement for the Survival of the Ogoni«. An der Spitze dieser Bewegung hatte Saro-Wiwa den »ökologischen Krieg der Ölmultis« angeprangert, zumeist im Fernsehen, was weder Shell noch der Regierung gefiel, schließlich war es Nigerias Militärdiktatur, die dem Ölmulti Tür und Tor geöffnet hatte.

Dabei hatte Ken Saro-Wiwa das Ogoni-Volk immer wieder auf Gewaltfreiheit eingeschworen. »Ich warne das Volk der Ogoni: Wir werden nicht mit Macheten kämpfen, unser Kampf gründet sich auf Verstand und Frieden. Es soll kein Blut vergossen werden«, verkündete er in einer seiner letzten Ansprachen. »Die Welt hat gesehen, wie sich die Ogoni aufgelehnt haben. Sie hat gesehen, dass die Regierung uns betrügt und Shell uns vernichtet.«

Noch heute kontert Shell den Vorwurf mit der absurden Behauptung, dass die meisten Ölverschmutzungen in Nigeria durch Diebstahl und Sabotage verursacht werden. Der Grund für diese dreiste Tatsachenverdrehung: Wenn die Verschmutzungen auf Aktivitäten Dritter zurückzuführen sind, verlieren die Ogoni den Anspruch auf Entschädigung. Perverser und menschenverachtender kann sich ein Giermulti nicht outen. Lächerliche 15,5 Millionen US-Dollar zahlte der Konzern bis heute, um einer Klage wegen Menschenrechtsverletzungen zu entgehen.

In ihren Protesten gegen die Vernichtungspolitik von Militärjunta und Shell forderte die MOSOP lautstark und viel beachtet, die geschädigten Gebiete zu sanieren, die Bevölkerung an den Gewinnen aus den Öleinnahmen zu beteiligen und Autonomie für das Ogoni-Volk. Im Januar 1993 demonstrierten dreihunderttausend Menschen gegen die Zustände im Land, es kam zu schweren Zusammenstößen mit der Volksgruppe der Antoni, bei denen schätzungsweise tausend Ogoni getötet wurden und mehr als dreißigtausend aus ihrer Heimat flüchten mussten. Die MOSOP macht hierfür die Regierung und die Ölgesellschaft verantwortlich, die die Andoni hierzu bewogen und finanziert haben sollen. Als sich im Zuge dieses Ereignisses immer mehr Jugendliche zu radikalisieren begannen, stellte Shell die Produktion im Ogoni-Gebiet vorübergehend ein, um die Sicherheit ihres Personals zu gewährleisten.

1994 erhielt Saro-Wiwa den Alternativen Nobelpreis. Das rettete ihn jedoch nicht vor der Verhaftung durch die Junta. Er war bereits mehrfach verhaftet und monatelang ohne Prozess festgehalten worden. Im Mai 1994 wurde er, gemeinsam mit acht weiteren MOSOP-Mitgliedern, in einem von der Regierung ernannten Militärtribunal in einem Schauprozess wegen angeblicher Anstiftung zum Mord an vier Ogoni-Ältesten zum Tode verurteilt. In den letzten achtzehn Monaten vor seiner Hinrichtung schrieb Ken Saro-Wiwa sein Buch »Flammen der Hölle. Nigeria und Shell: Der schmutzige Krieg gegen die Ogoni«.

Am 10. November 1995 wurden er und acht seiner Mitstreiter, die »Ogoni-Nine«, gehängt. Saro-Wiwa war vierundfünfzig Jahre alt. Augenzeugen berichten, er sei erhobenen Hauptes und die Hymne des Ogoni-Volkes auf den Lippen zum Galgen geschritten. »Lebend bin ich ein Symbol des Widerstandes. Tot werde ich zum Märtyrer und damit noch gefährlicher«, schrieb Ken Saro-Wiwa in seinem letzten Brief aus dem Gefängnis in Port Harcourt.

Percy Schmeiser (1931–2020)
Zehn Jahre im Kampf mit Monsanto

»Der Mann, der den Riesen be-
siegte«, »David gegen Mon-
santo«, »Bauer gegen Goliath«
– so oder ähnlich lauteten die
Schlagzeilen über den Nachru-
fen, die dem kanadischen Farmer und Saatgutzüchter Percy
Schmeiser gewidmet waren,
der im Oktober 2020 im Alter
von neunundachtzig Jahren
aus seinem streitbaren Leben
geschieden ist. Hier seine Geschichte im Schnelldurchlauf:

Percy Schmeiser züchtete Raps, und das seit Jahrzehnten. Den
größten Teil seiner Ernte verkaufte er als Saatgut an andere Bauern. Er behielt aber jedes Mal so viel zurück, wie er selbst für die
nächste Aussaat benötigte. So konnte er seine Rapssorten besser
an die regionalen Verhältnisse anpassen.

Inzwischen hatte der US-amerikanische Agrochemiekonzern
Monsanto (jetzt Bayer) die sogenannte Roundup-Ready-Raps-
pflanze auf den Markt gebracht, ein genmanipuliertes Kunstpro-
dukt, das gegen Pflanzenschutzmittel resistent ist. Auf diese Weise verstand es Monsanto, die Farmer mit Patenten für ihre Raps-
pflanze systematisch abhängig zu machen. Der Trick dabei: im Gegensatz zu dem herkömmlichen Saatgut ließ sich die Monsanto-
Saat nur einmal benutzen, sodass die Bauern gezwungen waren,
jedes Jahr nachzukaufen.

Monsanto – da war doch was? Richtig, Monsanto gehörte zu
den Produzenten von »Agent Orange«, dem berüchtigten Entlau-
bungsmittel, das im Vietnamkrieg vom US-Militär eingesetzt wurde. Zudem produziert die Firma das berüchtigte Glyphosat, dem
die Gesetzgeber in den USA und Europa Tür und Tor geöffnet haben. Der Unkrautkiller Glyphosat wird inzwischen weltweit einge-

setzt, obwohl ihm die Internationale Agentur für Krebsforschung eine krebserregende Wirkung attestiert.

Wie perfide sich die Zusammenarbeit zwischen Großkonzernen und Regierung gestaltet, hat Barack Obama demonstriert. Als der Präsident 2013 den neuen Haushaltsplan unterschrieb, befand sich darin eine Passage, die dort nichts zu suchen hatte. Danach darf der Agrarmulti in allen US-Bundesstaaten genetisch verändertes Saatgut anpflanzen und vertreiben, selbst wenn der Oberste Gerichtshof des betroffenen Staates dies untersagt hat. Das Gesetz schreibt dem umstrittenen Konzern so umfassend neue Rechte zu, dass der von den Medien geprägte Begriff »Monsanto-Schutzgesetz« durchaus zutreffend ist.

Daran, wie diese Passage in den Haushaltsplan geraten konnte, will sich in Washington niemand erinnern. Dabei hat Jon Tester, Senator aus dem Bundesstaat Montana, vorab auf den umstrittenen Absatz im Nachtragshaushalt hingewiesen: »Der Absatz besagt, dass das Landwirtschaftsministerium einfach alles ignorieren soll, was jemals zu genetisch veränderten Feldfrüchten beschlossen wurde. Ein Werbegeschenk an die Industrie, das in diesem Gesetz nichts zu suchen hat.« Egal, Barack hat unterschrieben und basta.

Zurück zu Percy Schmeiser. 1997 fand er zwischen seinen Rapspflanzen auch das genmanipulierte Zeug von Monsanto auf seinen Feldern. Die Saat war vermutlich von den Nachbarfeldern auf seinen Acker geweht; möglicherweise wurde sein Raps auch durch Insekten mit Pollen des Monsanto-Rapses bestäubt. Im Folgejahr säte Percy Schmeiser wie üblich einen Teil seiner Ernte aus. Nun aber wuchs auf seinem Acker plötzlich auch die Roundup-Ready-Pflanze, die von den Monsanto-Kontrolleuren prompt aufgespürt wurde. Der Konzern verklagte den Farmer und verlangte von ihm rückwirkend Lizenzgebühren und zusätzlich Schadenersatz. Die Anwälte des Agroriesen argumentierten, dass Monsanto ein erheblicher Schaden entstehen würde, wenn Landwirte konzerneigenes patentiertes Saatgut anbauten, ohne dafür Lizenzgebühren zu bezahlen.

So etwas kann man sich nicht ausdenken, oder? Aber gerade weil die Absurdität zwischen dem kanadischen Farmer und dem mächtigen Saatgut- und Herbizidhersteller vor aller Augen auf die

Spitze getrieben wurde, avancierte Percy Schmeiser in aller Welt zunehmend zur Symbolfigur unabhängiger Landwirte. Im Oktober 2000 wurde Schmeiser für seinen Einsatz mit dem Mahatma Gandhi Award geehrt, 2007 erhielt das Ehepaar Percy und Louise Schmeiser den »Alternativen Nobelpreis«. In der Begründung der Jury heißt es: »Für ihren Mut bei der Verteidigung der Biodiversität und der Rechte der Landwirte und dafür, dass sie die Perversität der gegenwärtigen Auslegung der Patent-Gesetzgebung in Bezug auf die Umwelt und die Moral aufzeigen und anprangern.«

Im selben Jahr reichte Percy Schmeiser selbst Klage gegen Monsanto ein, weil erneut gentechnisch veränderte Pflanzen auf seine Felder geraten waren. Sein Argument: »Da die Richter nach dem Patentrecht urteilen, gehören diese gentechnisch veränderten Pflanzen weiterhin Monsanto.« Er forderte Monsanto auf, die fremden Pflanzen von seinen Feldern »zurückzuholen«. Nachdem Monsanto die gesetzte Frist nicht eingehalten hatte, ließ Percy Schmeiser die Pflanzen einsammeln und stellte dem Konzern dafür sechshundertsechzig kanadische Dollar in Rechnung. Kurz vor Eröffnung eines weiteren Prozesses, erklärte der Chemieriese, die Rechnung bezahlen zu wollen. Die Verschwiegenheitsklausel, die Monsanto im Gegenzug forderte, unterschrieb der streitbare Farmer jedoch nicht. Im Gegenteil, ihm wurde zugestanden, dass er über den gesamten Vorgang öffentlich berichten durfte. Das nennt man wohl einen Triumph auf ganzer Linie.

Auf der Living Chance Konferenz in Bonn (2008) war Percy mit seiner Frau Louise eingeladen. In seinem Vortrag ermahnte Schmeiser die deutschen Landwirte, niemals gentechnisch veränderte Organismen einzuführen. »Sie verlieren die Möglichkeit zur biologischen Landwirtschaft, so einfach ist das. Gentechnik und Biolandbau können nicht koexistieren. Unmöglich!« Die Folgen einer fatalen Konzernhörigkeit seien in seinem Heimatland Kanada zu besichtigen. Dort gäbe es keine Mais- und Rapspflanzen mehr, die nicht gentechnisch verändert sind.

Der Tod Percy Schmeisers führt einem wieder einmal die wahren Kräfteverhältnisse in der Auseinandersetzung zwischen den Verteidigern einer natürlichen Lebensweise und den wirtschaftlichen Interessen der Großindustrie im Lebensmittelgeschäft vor Augen. Auf der einen Seite das empörte Individuum, auf der anderen Seite das gesichtslose Monster, in dessen Bürotürmen jeder austauschbar und niemand verantwortlich ist. Was ein leidenschaftlich kämpfender Mensch den kapitalen Monstern entgegensetzen kann, mag, wie im Fall der hartnäckigen »Schmeiserfliege«, teilweise von Erfolg gekrönt sein – sobald der Widerpart jedoch aus dem Spiel ist, trampelt das Monster mit mächtiger Unterstützung aus Wirtschaft und Politik unbeirrt weiter auf seinem Vernichtungspfad.

Bin ich jetzt zu pessimistisch? Sollte ich nicht froh sein, dass es mutigen und unerschrockenen HEROES wie Percy Schmeiser gelingt, einer schlafenden Mehrheit gelegentlich nachhaltig die Augen zu öffnen? Ich denke, das sollte ich.

2009 veröffentlichte Bertram Verhaag den Dokumentarfilm »David gegen Monsanto«, der den zehnjährigen Streit der Schmeisers mit der Firma Monsanto beschreibt.

Emily Warren Roebling (1843–1903)
Die Erbauerin der New Yorker »Luftschaukel«

Neben der Golden Gate Bridge in San Francisco wurde keine Brücke der Welt so oft ins Visier von Hollywoodkameras genommen, wie die Brooklyn Bridge. Achten Sie mal drauf: Kaum kommt die Hauptfigur des Films in New York an, sehen wir sie im Taxi über die Brooklyn Bridge fahren, wobei es sich die Kamera nicht nehmen lässt, dieses kunstvolle, von vier tausend Meter langen Kabelsträngen gehaltene Bauwerk regelrecht abzulecken. Dass wir uns noch immer in den Schwung dieser 1883 eingeweihten Stahldraht-Hängebrücke verlieben, haben wir einer Frau zu verdanken, deren Name der Öffentlichkeit kaum bekannt ist: Emily Warren Roebling.

Die Idee war alt. Über die im Winter oft zugefrorene Meerenge sollte eine Brücke führen, um Pendler von den Launen des Wetters unabhängig zu machen. Vierzig Millionen Menschen überquerten damals jährlich den East River, den Kapitäne wegen seiner gefährlichen Strömungen und Unterwasserfelsen »Höllenloch« nannten. Doch erst 1867, nach einem besonders harten Winter, brachte der Staat New York das Projekt per Gesetz auf den Weg. Die Leitung übernahm Emily Warren Roeblings Schwiegervater, John August Roebling. Der deutsche Einwanderer aus Mühlhausen in Thüringen hatte sich bereits mit einer zweistöckigen Hängebrücke über den Niagara einen Namen gemacht.

Das Bauvorhaben der East-River-Brücke, wie sie damals heißen sollte, war umstritten. Ein noch nie da gewesenes Bauwerk aus

Granit und Stahl sollte es werden, knapp zwei Kilometer lang, die neogotischen Pfeiler gut vierundachtzig Meter hoch. Irrsinn!, polterten die Kritiker. Selbst einige Kollegen Roeblings empörten sich über das »wilde Experiment«. Ein Tunnel oder ein Damm täten es auch. Nichts da, die Brücke wurde gebaut.

Bei einer Besichtigung der künftigen Baustelle quetschte sich John August Roebling den Fuß. Er starb kurze Zeit später an Tetanus. Daraufhin wurde sein Sohn, Emilys Ehemann Washington, zum Bauleiter bestimmt. Der Mann packte bei den Arbeiten häufig selbst mit an. Im Fluss mussten gigantische Kästen aus Holz und Stahl versenkt werden, in denen das Fundament für die Brückenpfeiler hergestellt wurde. Damit kein Wasser eindrang, herrschte dort ein starker Überdruck. Damals wusste man nicht, dass ein fehlender Druckausgleich krank macht. Wie viele andere Arbeiter erkrankte auch Washington Roebling an der Taucherkrankheit und wurde zum Pflegefall.

Emily war nun seine Verbindung zur Außenwelt. Sie ging zur Baustelle, sprach mit den Assistenten, berichtete ihm von den Fortschritten. Jahrelang hatte sie ihrem Schwiegervater und ihrem Mann über die Schulter geschaut: Sie wusste, wie die Stahlseile produziert wurden, und brachte sich im Selbststudium Mathematik, Materialkunde und Ingenieurstechnik bei. Zäh, intelligent und wirkungsvoll – so beaufsichtigte Emily Warren Roebling elf Jahre lang den Bau des heutigen Wahrzeichens. Mehr als sechshundert Arbeiter brauchte es, um aus sechstausendsiebenhundertvierzig Tonnen Material ein kunstvolles, von einundzwanzigtausend Industriedrähten gehaltenes architektonisches Meisterwerk zu schaffen.

Am 24. Mai 1883 war es so weit: Seite an Seite mit dem damaligen Präsidenten Chester A. Arthur überquerte Emily ihre »Luftschaukel zwischen dem gefühlten Europa und dem erlebten Amerika«. Im Gefolge eine Herde Zirkuselefanten. Die tonnenschweren Tiere sollten auch den letzten Skeptikern die Stabilität der neuartigen Konstruktion beweisen.

Einige Wochen zuvor hatte Emily die Brooklyn Bridge schon einmal überquert. Silvia Tyburski beschreibt das in der Zeitschrift *mare* wie folgt: »Der Wind bläst kräftig hier oben, rund 40 Meter über dem New Yorker East River. Er zerzaust das weiße Gefieder des Hahnes, den Emily Warren Roebling in einem Käfig auf ihrem Schoß hält, als sie zusammen mit einem Techniker über die Brooklyn Bridge fährt. Die Arbeiter rechts und links erledigen letzte Handgriffe. Sie ziehen ihre Hüte, einige applaudieren. Es sind nur noch wenige Wochen bis zur Eröffnung. Wird der Trott des Pferdes die Fahrbahn gefährlich schwanken lassen? Die 39-Jährige ist die Erste, die die Brücke im Frühjahr 1883 in einer Kutsche überquert, um genau das zu testen. Emily Warren Roebling hat den Hahn nicht nur als Glücksbringer mitgenommen. Der Hahn ist ein Siegessymbol. Sieben Millionen Dollar hatte es laut Planung kosten sollen, die Brücke zwischen dem Südzipfel Manhattans und Brooklyn zu errichten. Die veranschlagte Bauzeit: drei Jahre. Am Ende wurden daraus 15,5 Millionen Dollar und 14 Jahre. Dass es nicht noch länger dauerte, ist allein dieser erstaunlichen Frau zu verdanken.«

Heute erinnert eine Plakette auf der Brücke an alle drei Roeblings. Darauf steht: HINTER JEDEM GROSSARTIGEN WERK KÖNNEN WIR DIE SELBSTAUFOPFERNDE HINGABE EINER FRAU FINDEN.

1883 war Emily Warren Roebling vierzig Jahre alt. Als die Arbeit an der Brücke getan war, baute sie ein Haus, organisierte Wohltätigkeitsveranstaltungen und ging, wenn ihr langweilig wurde, auf Reisen. 1896 wurde sie Queen Victoria in London vorgestellt. In Russland nahm sie an den Krönungsfeierlichkeiten von Zar Nikolaus II. und Zarin Alexandra teil. Sie wurde in der Frauenbewegung aktiv und brachte anderen Frauen bei, wie man in der Öffentlichkeit spricht. Später, sie war bereits über fünfzig Jahre alt, studierte sie Rechtswissenschaften an der New Yorker Universität. In ihrem Abschlussessay, den sie während der Zeremonie öffentlich vorlas, kritisierte sie die fehlenden Rechte für Ehefrauen und Witwen.

»Ich habe mehr Verstand und Sachkenntnis als zwei beliebige Ingenieure – egal, ob sie sich Zivilingenieure nennen oder sich wenigstens zivilisiert verhalten.« – *Emily Warren Roebling*

Weblinks

– Brooklyn Bridge – ausführliche private Webseite zum Bau und zur Geschichte der Brücke (englisch): www.nycroads.com/crossings/brooklyn

- John Stern, Carrie Wilson: The Brooklyn Bridge: A Study in Greatness, Vortrag anlässlich des 125. Jubiläums der Eröffnung der Brücke: www.beautyofnyc.org/TheBrooklynBridge-fin.pdf
- Bernd Nebel: Brooklyn Bridge: www.bernd-nebel.de/bruecken/3_bedeutend/brooklyn/brooklyn.html
- Fahrt über die Brooklyn Bridge in den 1930er-Jahren bei You-Tube: www.youtube.com/watch?v=HDX32qHo1sE
- The new terminals of the Brooklyn Bridge in: Scientific American vom 19. Oktober 1895: www.catskillarchive.com/rrextra/bbmter.html
- Marlen Fercher: Die Brooklyn-Bridge – Die unglaubliche Geschichte ihrer Entstehung, Bayern 2 Radiowissen. Ausstrahlung am 6. Oktober 2020 (Podcast)

Anthony Rinaudo (*1957)
Unter der Wüste liegt der Wald

Dieser Mann geht dem Problem an die Wurzel – im wahrsten Sinne des Wortes. Tony Rinaudo, der »Waldmacher« oder »der verrückte weiße Bauer«, wie man den australischen Agrarwissenschaftler in Afrika nennt, lässt tote Landschaften wie von Zauberhand wieder erblühen. Wie von Zauberhand? Natürlich nicht. Es mag auf die einheimische Bevölkerung zunächst so gewirkt haben, aber hinter dem behutsamen Aufblühen einst karger, fast toter Landschaften steckt Methode, Rinaudos Methode. Sie hat auch einen Namen: *FMNR – Farmer Managed Natural Regeneration*. Afrikas Waldmacher entwickelte sie zwischen den Achtziger- und Neunzigerjahren des letzten Jahrhunderts.

Tonys Wiederaufforstungstechnik basiert auf einer Entdeckung, die er in einer abgerodeten Region im Niger machte, wo er unter dem Wüstensand auf intaktes Wurzelwerk stieß. Unter der Wüste war ein ganzer Wald versteckt! Er begann, mit diesem Wurzelwerk zu experimentieren und aus ihm neue Bäume zu ziehen. Bereits vorhandene Büsche werden genutzt, um neuen Bewuchs zu fördern. Auch die vermeintlichen Büsche waren oft Bäume, was Rinaudo an den Blattformen erkannte. Sie sprossen aus altem Wurzelwerk. Von diesen Büschen gab es Millionen und Abermillionen.

Natürlich stieß Rinaudo zunächst auf Skepsis, als er die Bauern zu überzeugen versuchte, ein kleines Gebiet ihres Ackerbodens abzusperren und zu schützen. Weil er aber ein gutes Verhältnis zu der Dorfbevölkerung hatte, ließen sie sich darauf ein und versprachen, ihn bei seinem Experiment zu unterstützen. Die Menschen erkannten sehr schnell, dass man keine Raketenwissenschaft braucht, um die verheerende Entwicklung umzukehren, die ihnen auch noch den Rest ihrer Lebensgrundlagen zu rauben schien. Der Waldmacher bewies ihnen, dass man nur mit der Natur arbeiten muss, wenn man Erfolg haben will. Großflächige Wiederaufforstung funktioniert, sie geht zudem schnell und kostet sehr wenig.

Schon nach einem Jahr zeigten sich erste Erfolge. Durch gezieltes Ausschneiden von schwachen Sprossen wurde das Wachstum der Pflanzen begünstigt. Aus den Wurzeln waren wieder kleine Bäume und Sträucher gewachsen. Bis heute konnte mithilfe der von den Bauern selbst durchgeführten Renaturierung in Niger ein Gebiet von mehr als fünf Millionen Hektar regeneriert werden. Wüsten wurden wieder grün, und die Bauern, die die FMNR-Methode auf ihren Äckern anwandten, konnten bis zu doppelt und dreifach so hohe Ernteerträge einfahren wie vorher.

Die Bilanz kann sich sehen lassen. Von 1983 bis 2018 konnten Rinaudo und sein Team sechs Millionen Hektar mit zweihundertvierzig Millionen Bäumen aufforsten. Ein gigantischer Erfolg, der sogar auf Satellitenbildern zu sehen ist. Andere Teams folgten seinem Beispiel und zogen weitere sechshundert Millionen Bäume mit der FMNR-Methode heran. Insgesamt wurden bis heute über zwanzig Millionen Hektar Wüste mit einer durchschnittlichen Baumdichte von etwa vierzig Bäumen pro Hektar begrünt.

Retten statt roden. Der verrückte weiße Bauer hat den Menschen im Niger und anderswo geholfen, sich den zerstörten Lebensraum zurückzuholen: das Grün, den Schatten und den Boden, auf dem etwas wächst.

Inzwischen folgen andere Länder wie Äthiopien, Tschad, Burkina Faso oder Mali Anthony Rinaudos Beispiel. Wo vor zehn Jahren noch stachelige Büsche standen oder sich die Wüste ständig ausdehnte, forsten Farmer dank der FMNR-Methode große Landstücke auf. Allein in der Region Humbo in Südäthiopien wurden so zweitausendsiebenhundert Hektar Land (ca. dreitausendachthundert Fußballfelder) begrünt. Während in vielen Regionen Afrikas die Menschen auf Lebensmittelhilfe angewiesen sind, erwirtschaften die Dörfer in Humbo inzwischen Maisüberschüsse.

»Niemand auf der Welt müsste hungern«, sagt Tony Rinaudo, der verrückte weiße Bauer. »Durch FMNR können riesige Teile der Erde wieder begrünt werden. Die Menschen müssen nur die Augen öffnen. Überall wachsen Bäume unter der Erde. Sie warten nur darauf, ans Licht zu kommen!«

Ziehen wir also die Wurzel aus ... Ja, aus was? Frag den Waldmacher, der weiß es.

Viele zusätzliche Informationen gibt es hier: fmnrhub.com.au

Trailer zum Film »Der Waldmacher« von Volker Schlöndorf: www.zeroone.de/movies/waldmacher

José Mujica (*1935)
Besiegt sind nur jene,
die ihre Träume aufgeben

Eines Vormittags im Zentrum von Montevideo: Uruguays Präsident José Mujica hat sich wieder einmal ohne Begleitschutz unter die Leute gemischt. Ein auf dem Fußweg kauernder Bettler streckt ihm zitternd die Hand entgegen und bittet um eine Münze. Mujica bleibt stehen, kramt in seinem Portemonnaie und zuckt bedauernd die Schultern. »Tut mir leid«, sagt er, »ich habe keine Münze, aber ich habe den hier.« Er zieht einen Geldschein aus der zerschlissenen Börse und gibt ihn dem Obdachlosen, der ihm unter Tränen dankt. »Ich wünsche mir, dass Sie für immer unser Präsident bleiben«, sagt er leise. »Bloß nicht!« gibt ihm José Mujica lachend zur Antwort und verschwindet in der Menge.

El Pepe, wie die Uruguayer ihn nennen, war von 2010 bis 2015 ihr Präsident. Fünfundachtzig Prozent seines Präsidentengehaltes spendete er für wohltätige Zwecke. Der Achtundachtzigjährige lebt bis heute auf einem kleinen Bauernhof in der Nähe von Montevideo, den er selbst bewirtschaftet und wo er Blumen züchtet. Er fährt einen vierzig Jahre alten VW Käfer. Den benutzte er auch im Amt. Eine Staatskarosse passe nicht zu ihm, sagte der »ärmste Präsident der Welt«, als der er in der Weltpresse bezeichnet wurde. Sein schlichtes Leben gab Mujica nie auf, Präsident hin, Präsident her. Er führt es aus tiefster Überzeugung.

»Wir häufen Berge von überflüssigem Zeug an«, betont er immer wieder, »ständig müssen wir kaufen, wegwerfen, kaufen ...

Dabei verschwenden wir unser ganzes Leben. Denn wenn wir etwas kaufen, bezahlen wir nicht mit Geld. Wir bezahlen mit unserer Lebenszeit, die wir aufwenden müssen, um dieses Geld zu verdienen. Der Unterschied ist: Leben lässt sich nicht kaufen. Es vergeht einfach. Und es ist schrecklich, dein Leben zu verschwenden, indem du deine Freiheit verlierst.«

El Pepe hat sein Leben nicht unter überflüssigem Zeug erstickt, er verfügt über eine wilde Vergangenheit. »Vom Rebellen zum Staatschef«, das fasst seine Biografie in aller Kürze gut zusammen. In den Sechzigerjahren gehörte er zu den Gründern der weltweit ersten Stadtguerilla, den Tupamaros. Die Guerilla ging aus einem Zusammenschluss der militanten Zuckerarbeiter-Gewerkschaft, ländlichen revolutionären Gruppen und Teilen der Sozialistischen Partei Uruguays (PSU) hervor. Die Tupamaros kämpften mit militärischen Mitteln für die Befreiung Uruguays von Oligarchie und Imperialismus und für eine sozialistische Gesellschaft.

José Mujica wurde in diesem Kampf angeschossen und viermal verhaftet. Zweimal gelang ihm die Flucht aus einem Hochsicherheitsgefängnis. Insgesamt war er vierzehn Jahre eingekerkert, meist in Einzelhaft. Auch während der Militärdiktatur in Uruguay (1973–1985). Heute beurteilt er seine Sturm-und-Drang-Zeit mit der Weisheit des Alters: »Ich war Teil einer Jugend, die die Welt verändern wollte. Aber wir haben nichts verändert und die Welt drehte sich weiter. Mit der Zeit lernte ich, dass die Welt sich in Stufen verändert, aber nur sehr langsam. Und dass das menschliche Leben viel kürzer ist.«

Seine Frau Lucía Topolansky glaubt, dass die bescheidene Lebensweise ihres Mannes mir der langen Inhaftierung zusammenhängt. Und sie erinnert an ein Zitat von Erich Maria Remarque aus dem Ersten Weltkrieg, das sie ein wenig abwandelt. »Im Schützengraben reduziert sich der Mensch auf das Wesentliche, und ebenso ergeht es ihm im Gefängnis. Sich so zu erleben ist wundervoll und erschreckend zugleich.«

El Pepe hat in seiner Funktion als Präsident eine Erkenntnis gewonnen, die sich die besessenen Karrieristen aller Länder gerahmt übers Bett hängen sollten, wenn sie wieder einmal zu träumen beginnen: »Macht verändert Menschen nicht, sie fördert lediglich zutage, wie sie wirklich sind.«

Um eine Ahnung von dem Charakter und vom Herzen dieses außergewöhnlichen Mannes zu bekommen, lassen wir ihn doch am besten selbst sprechen:

>Unsere Welt braucht weniger von diesen globalen Organisationen aller Art, die Konferenzen und Treffen organisieren, die letztlich nur den Hotelketten und Fluggesellschaften nutzen. Und wir brauchen mehr Humanität und Wissenschaft.«

>Es ist möglich, eine bessere, humanere Welt zu haben. Aber vielleicht ist heute die wichtigste Aufgabe, erst einmal Leben zu retten.«

>Ja, ich fühle mich manchmal wütend, so manches regt mich auf und manchmal rede ich auch einfach nur Unsinn. Aber ich darf keine Kultur des Hasses entwickeln. Wir müssen immer den Respekt wahren, vor allem dann, wenn es uns am schwersten fällt.«

>Das Unmögliche benötigt ein bisschen mehr Zeit. Besiegt sind aber nur jene, die ihre Arme senken und ihre Träume aufgeben.«

>Wir werden so lange im Krieg sein, bis die Natur uns dazu zwingt, dass wir endlich zivilisiert werden.«

>Politik ist der Kampf um das Glück eines jeden Menschen. So sollte es zumindest sein.«

>Ja, ich bin müde, aber das wird sich nicht ändern, bis ich irgendwann in einem Sarg liege oder ein alter Trottel geworden bin.«

Zum Schluss noch etwas für all jene, die Querdenker so gerne diffamieren: »Freiheit bedeutet, dass wir Dinge anders denken können. Um mit etwas in Übereinstimmung zu sein, bedarf es keiner Freiheit.«

Filme

- *Tupamaros* (Rainer Hoffmann und Heidi Specogna, 1997). In dem Film erzählen José Mujica und frühere Mitstreiter die Geschichte ihrer Bewegung.
- *Pepe Mujica – Der Präsident* (Heidi Specogna, 2015). Der Film zeigt Ausschnitte aus dem Alltag des Präsidenten.
- Álvaro Brechner realisierte 2018 den Film *La noche de 12 años* (Spanien, Uruguay, Frankreich, Argentinien 2018, 123 Minuten; deutsch »Tage wie Nächte«), der bei den Filmfestivals in Venedig, San Sebastian/Donostia und Huelva gezeigt wurde. In diesem Film wird José Mujica vom Schauspieler Antonio de la Torre Martín dargestellt.
- *El Pepe: Ein Leben an höchster Stelle* (»El Pepe, Una Vida Suprema«), von Emir Kusturica, 2018

August Landmesser (1910–1944)
Gustav Wegert (1890–1959)
Denen der Naziwurmfortsatz
nicht gewachsen war

Für die Hamburger Werft Blohm & Voss war der 13. Juni 1936 ein Feiertag der besonderen Art. Der Führer selbst war zugegen, um dem Stapellauf des Segelschulschiffes »Horst Wessel« beizuwohnen. Während Hitler zu seiner Rede ansetzte, entrichtete ihm die hinzubeorderte Belegschaft pflichtgemäß den Hitlergruß. Zwischen all den dicht an dicht gedrängten Menschen mit den ausgestreckten Armen stand einer, dem der Naziwurmfortsatz nicht gewachsen war – der die Arme vor der Brust verschränkt hielt. Das dokumentiert ein Pressefoto, das Jahrzehnte später in den Kellerräumen des Hamburger Rathauses gefunden wurde.

Am 15. November 1995 erließ das Hamburger Abendblatt daraufhin einen Aufruf an seine Leser, sich doch bitte zu melden, falls jemand den unerschrockenen Mann erkennen sollte. Überschrift des Aufrufes: »1936 – nur einer ließ den Arm unten«. Tatsächlich meldeten sich zwei Personen, die zu wissen glaubten, um wen es sich handelte. Diese beiden Namen wurden genannt: August Landmesser und Gustav Wegert. Bis heute steht allerdings nicht zweifelsfrei fest, wer von den beiden den Arm inmitten einer hysterischen Menge wirklich unten gelassen hatte. Letztlich ist es egal, denn aufgrund ihrer Biografie kämen beide infrage.

Im Fall August Landmesser deutete zunächst wenig auf eine derart entschlossene Haltung hin. 1931 trat er in die NSDAP ein und blieb die folgenden Jahre ein loyaler Anhänger Hitlers. Nachdem er 1935 um die Hand seiner Freundin Irma Eckler angehalten hatte, änderte sich seine Einstellung. 1935 war das Jahr, in dem die Nürnberger Rassengesetze verabschiedet wurden. Ehen zwischen Ariern und Juden waren fortan verboten. Irma Eckler war Jüdin und gemäß des neuen Gesetzes lehnte das Hamburger Standesamt die Eheschließung ab.

Landmesser wurde aus der Partei geworfen. Er lebte aber weiter mit Irma Eckler zusammen. 1937, die beiden hatten inzwischen eine gemeinsame Tochter, beschlossen sie, Nazi-Deutschland zu verlassen und nach Dänemark zu fliehen. Ihre Flucht wurde jedoch kurz vor der Grenze vereitelt und August Landmesser wegen »Beschmutzung der Rasse« festgenommen. Kurz darauf wurde er wieder auf freien Fuß gesetzt – unter der Bedingung, Irma Eckler, die inzwischen mit einer zweiten Tochter schwanger war, nicht mehr zu sehen. Als die Schwangerschaft den Behörden bekannt wurde, leitete der Staat gegen August Landmesser ein Verfahren wegen »Rassenschande« ein. Er wurde zur Untersuchungshaft in die Strafanstalt Fuhlsbüttel verbracht. Im Prozess konnte Landmesser jedoch glaubhaft machen, dass weder er noch Irma Eckler gewusst hätten, dass sie »Volljüdin« war und so wurde er am 27. Mai 1938 mangels Beweisen freigesprochen. Man drohte ihm jedoch im Wiederholungsfall eine mehrjährige Zuchthausstrafe an. Trotzdem führte Landmesser die Beziehung mit Irma Eckler fort und zeigte sich mit ihr auch in der Öffentlichkeit. Daraufhin wurde er am 15. Juli 1938 erneut festgenommen, im anschließenden Verfahren zu zweieinhalb Jahren Zuchthaus verurteilt und ins Strafgefangenenlager I Börgermoor im Emsland verbracht.

Drei Tage nach Landmesser wurde auch Irma Eckler wegen »Rassenschande« von der Gestapo in sogenannte Schutzhaft genommen und in die Strafanstalt Fuhlsbüttel eingeliefert. Von dort aus wurde sie in das Frauenkonzentrationslager Lichtenburg und, nach dessen Schließung im Mai 1939, in das Frauenkonzentrationslager Ravensbrück verlegt. Von Irma kamen aus dem KZ noch einige wenige Briefe bis zum Januar 1942, die auf eine wachsende Entfremdung von Landmesser hinweisen. Es wird vermutet, dass Irma Eckler im Februar 1942 in die Tötungsanstalt Bernburg bei Dessau gebracht und dort – wie über vierzehntausend andere Häftlinge – ermordet wurde.

Wie sich eine solche »Schutzhaft« anfühlte, beschreibt Margarete Buber-Neumann (»Als Gefangene bei Stalin und Hitler. Eine Welt im Dunkel«) in ihrem Buch »Milena, Kafkas Freundin«. Im Oktober 1940 trafen sich die Schriftstellerin und Milena Jesenská zum ersten Mal an der »Klagemauer«. So nannte Milena den schmalen Weg zwischen der Barackenrückseite und der hohen Mauer, die das Frauenkonzentrationslager Ravensbrück umgab. »Milena« ist das Vermächtnis der dabei entstandenen Freundschaft. Mit dem Buch erfüllte Margarete Buber-Neumann den Wunsch Milenas: »Du sagst den Menschen, wer ich war. Du bist mein milder Richter.« Am 17. Mai 1944 starb Milena in Ravensbrück. In »Milena« heißt es:

> Das Gros der Häftlinge bestand immer aus Menschen, die unschuldig in diese entsetzliche Lage gekommen waren, denen nicht klar wurde, warum. Jede Verhaftete hing mit allen ihren Gedanken am Leben, aus dem man sie herausgerissen hatte, an den Kindern, an dem Mann, an der Familie. In diesem Zustand tiefster Verzweiflung wurden nun solche Menschen für unbestimmte Dauer in ein Konzentrationslager geschleppt. Man zwang sie unter militärischen Drill, sie hatten keine Minute des Tages und der Nacht für sich allein, alle Verrichtungen geschahen in Gesellschaft von Hunderten von anderen, bei jedem Schritt, mit jedem Wort stießen sie gegen ein anderes unbekanntes, ebenso leidendes Geschöpf. Unter der Masse gab es vielleicht

in jeder Baracke ein paar Wesen, zu denen man sich hingezogen fühlte; aber die große Mehrzahl war einem unerträglich in all ihren Lebensäußerungen. Die SS ließ die Frauen frieren, hungern, hart arbeiten, man brüllte sie an, schlug und schändete sie sogar.

Lasst uns jetzt die Kraft aufbringen, gemeinsam das folgende Zeugnis anzusehen. Ich denke, dass wir es den hundertdreiundzwanzigtausend geschundenen Seelen von Ravensbrück schuldig sind: www.bpb.de/themen/holocaust/ravensbrueck/60698/frauenlager -ravensbrueck-selbstbehauptung-zwischen-leben-und-tod/

Der andere Hinweis (eigentlich der erste), den das Hamburger Abendblatt aufgrund seines Aufrufes erhielt, kam von einem Mann, der seinen Vater auf dem Foto zu erkennen glaubte. »Ich blätterte in der Zeitung, entdeckte das Foto und war mir sicher, dass mein Vater darauf zu sehen war: Gustav Wegert. Kein Zweifel, er war es«, gab Manfred Wegert zu Protokoll. »Mein Vater arbeitete zu der Zeit als Schlosser und Schmied bei Blohm & Voss, was auch die anschließend gefundene Arbeitsbescheinigung im Original eindeutig belegt. Wenige Tage später berichtete die Zeitung, dass sich die Tochter eines Herrn August Landmessers gemeldet hatte, die in dem mutigen Mann auf dem Bild ebenfalls ihren Vater erkannt haben wollte. Im Zusammenhang damit veröffentlichte das Abendblatt die Verfolgungsgeschichte, die Herr Landmesser mit seiner jüdischen Verlobten vonseiten der Nazis zu erleiden hatte. Davon tief berührt, habe ich mich nicht mehr beim Abendblatt gemeldet, wiewohl ich nach wie vor davon überzeugt war, dass der Held auf dem Bild doch wohl Vater gewesen sein müsste.«

Einige Jahre später hatte Manfred Wegert Kontakt mit der Historikerin Dr. Simone Erpel und las in ihrem Manuskript »Zivilcourage – Schlüsselbild einer unvollendeten Volksgemeinschaft« (Verlag Vandenhoeck & Ruprecht 2009), dass die Suche nach dem Mann auf dem Foto trotz der Meldung der Landmesser-Familie ohne Erfolg geblieben war. Irene Eckler, die Tochter von August Landmesser, vermutete, dass ihr Vater 1939 als Strafgefangener für die Rüstungsproduktion auf der Werft Blohm & Voss gearbeitet hat. Ob er dort bereits zum Zeitpunkt der Aufnahme beschäftigt war, ist ungewiss.

»Das ließ mich aufhorchen«, sagt Manfred Wegert, »denn wenn die Beschäftigung von Herrn Landmesser bei Blohm & Voss zum besagten Zeitpunkt nur Vermutung ist, wird es sich auf dem Bild wohl doch um meinen Vater handeln. Denn sein generelles Verhalten in der Nazizeit passt exakt zu dem Mann auf dem Foto. Sowohl mein Vater selbst als auch meine Mutter, sowie viele Freunde und auch ein Werftkollege erzählten mir immer wieder, dass Gustav nie die Hand zum Hitlergruß erhob. Das hatte er sich aufgrund seiner Aversion gegen das Naziregime von Anfang an zum Grundprinzip gemacht. Wenn ihn jemand mit Heil Hitler grüßte, antwortete er mit einem einfachen Guten Tag. Meine Mutter erzählte mir auch wiederholt von ihrer Sorge um ihren Mann. Denn sie befürchtete, dass er nach immer wiederkehrenden Warnungen eines Tages doch noch abgeholt werden könnte. Dass das nicht geschah, bezeichnete sie als ein Wunder.«

Dass ihm kein größeres Übel widerfuhr, lag auch an seinem Vorgesetzten, der ihn immer wieder deckte. Bei Blohm & Voss brauchte man dringend Fachkräfte, die Werft reklamierte Gustav Wegert jedes Mal für sich, wenn wieder einmal ein Einberufungsbefehl an ihn erging. Von den letzten Tagen des Volkssturms abgesehen musste der Mann, der Hitler den Gruß verweigerte, nie in den Krieg.

Ob nun August Landmesser oder Gustav Wegert aufrecht in der Masse standen (oder sollte man nicht besser Verfügungsmasse sagen?), ist eigentlich egal. Wer auch immer da vor Hitler die Arme verschränkte und ihm den obligaten Gruß verweigerte, hat inmitten Hunderter potenzieller Denunzianten so viel Mut, so viel Zivilcourage und so viel Rückgrat bewiesen, wie wir es uns heute kaum vorzustellen vermögen. Denken wir nur daran zurück, wie wenig Menschen zu Corona-Zeiten in der Lage waren, den Diffamierungen, Aussperrungen und verbalen Attacken souverän zu begegnen und sich nicht zu verbiegen – 1936 war noch mal ein ganz anderer Schnack. Und deshalb haben beide, August und Gustav, ihren Platz in diesem Buch verdient.

Joanna Macy [*1929]
Wie kann ich gleichzeitig ehrlich sein und doch keine Angst verbreiten?

 In meinem Roman »Maeva« hält die Protagonistin in der Oper von Sydney ihre Antrittsrede als Vorsitzende der URP (United Region of the Planet). In ihr formuliert sie das Credo der neugegründeten alternativen UNO: »Bisher haben wir den Umweltschutz lediglich als Menschenschutz begriffen. Bisher sprachen wir ausschließlich von Beständen, wenn von der Natur die Rede war. Wir machten in allem unsere Rechnung auf. Dieses Denken war nicht dem Leben verpflichtet, sondern einer Haushaltsphilosophie. Damit ist jetzt Schluss. Wir sind angetreten, um für ein neues Bewusstsein zu werben.«

In ihrer Rede spricht Maeva auch über die Schwierigkeiten, einen Bewusstseinswandel herbeizuführen. »Von allen Gefahren, die uns heute drohen«, sagt sie, »ist keine so groß wie die weltweite Verdrängung. Einzeln fühlen wir uns angesichts der Wahrheiten, die es heute zu konfrontieren gilt, so klein und zerbrechlich, dass wir glauben, es würde uns in Stücke reißen, sobald wir uns erlaubten, unsere Gefühle über den Zustand der Welt zuzulassen. Wir befürchten eine tiefe Depression oder Lähmung. Aber das Gegenteil ist der Fall. Wenn wir den Schmerz, den wir für die Welt empfinden, unterdrücken, dann isoliert uns das. Wenn wir ihn jedoch akzeptieren, anerkennen und darüber sprechen, dann merken wir, dass er weit hinaus geht über unser kleines Ego, dann erfahren wir durch ihn eine größere Identität, dann wird er zum lebendigen Beweis unserer Verbundenheit mit allem Lebendigen. Unser Schmerz um den Zustand der Welt und unsere Liebe für die

Welt sind untrennbar miteinander verbunden, sie sind zwei Seiten derselben Medaille.«

Diese Sätze sind nicht von mir, ich habe sie bei Joanna Macy geklaut. Sie bringen das Problem so treffend auf den Punkt, dass ich an ihnen einfach nicht vorbei kam, als ich die Umkehr zu einer »Politik des Herzens« zu beschreiben versuchte. Später habe ich mich mit dieser Frau eingehender beschäftigt.

Joanna Macy ist Mitbegründerin der Tiefenökologie (deep ecology), ein Begriff, der 1970 von dem norwegischen Philosophen Arne Ness geprägt wurde. Die Tiefenökologie strebt ein Leben im Einklang mit der Natur an und keines gegen sie. Der Mensch soll sich bewusst werden, ob er als »Bewahrer« oder »Zerstörer« seiner eigenen Lebensgrundlagen unterwegs ist.

Einige Stationen aus der erstaunlichen Biografie Joanna Macys will ich nicht verschweigen. Sie studierte Politikwissenschaften und arbeitete zunächst für das amerikanische Außenministerium. In den 60er-Jahren begann sie sich in der Bürgerrechtsbewegung gegen Rassismus, Atomwaffen und den Vietnamkrieg zu engagieren. Sie beendete ihre Arbeit für die Regierung und ging mit dem Peace Corps nach Nordindien, um tibetische Flüchtlinge zu unterstützen. Die dortigen Begegnung mit dem Buddhismus sollten sie später zu einer der wichtigsten buddhistischen Lehrerinnen der USA machen.

Aufschluss über die wahre Persönlichkeit dieser inspirierenden Frau gibt ein Brief, den Joanna Macy auf ihrer Website veröffentlich hat (www.joannamacy.net):

Ich weiß, dass viele von euch gehofft haben, früher von mir zu hören, und ich habe es auch wirklich versucht. Ich habe drei Briefe angefangen, sie jedoch jedes Mal verworfen, weil sie der Situation nicht gerecht wurden. Sie klangen entweder hysterisch oder flach.

Ich habe mich gefragt: Wie kann ich gleichzeitig ehrlich sein und doch keine Angst verbreiten? Wie kann ich klarstellen, dass das Spiel vorbei ist, wir aber gleichzeitig niemals aufgeben dürfen?

Vielleicht ist jenes Spiel vorbei, in dem wir uns die Normalität vorgegaukelt haben. Vielleicht ist der Mummenschanz jetzt endgültig vorbei und die Tatsachen liegen endlich auf dem Tisch: Millionen von Seelen sind in Gefängnissen, Millionen Menschen sind namenlos verschleppt, über die Hälfte Amerikas lebt in Armut und der Rest von uns macht einfach mit seiner Tagesordnung weiter. Vielleicht ist jetzt tatsächlich die Illusion vorbei, dass wir ein gutes Leben erreichen können, ohne uns allzu sehr anstrengen zu müssen.

Es ist wichtig, dass wir uns wieder aufeinander besinnen, unsere Kraft und unsere Vernunft ineinander finden. Es ist auch gut, dass wir wieder Sehnsucht haben, heilige Räume zu schaffen und Räume bereithalten für die Gehassten und Gejagten.

Ich bin glücklich darüber, dass sich viele Menschen in ihren Gemeinschaften, in Schulen und an ihren Arbeitsplätzen versammeln und ihre Gedanken und Gefühle miteinander teilen. Das ist essenziell notwendig. Denn Isolation und Angst verstärken sich gegenseitig.

Immer, wenn wir uns öffnen für das Leid um uns herum, werden wir wahrhaftiger. Selbst inmitten von Trauer und Angst sind wir nicht allein. Das Mysterium im Kern unserer Existenz ist so einfach: Wir werden in einem Netz gegenseitiger Zugehörigkeit gehalten.

Wenn ich heute Interviews mit Joanna Macy lese oder ihren Video-Vorträgen folge, passiert etwas, wofür ich ihr dankbar bin: Ich empfinde die Einsamkeit alles Lebendigen. Es ist dieses »Ganz-für-sich-Sein«, was mich fasziniert und in den Zustand der Ruhe versetzt. Ich entwickle das Gefühl, Teil des ganzen Erdkörpers zu sein, eine Mikrozelle unter Abermilliarden anderer. Keine Vorstellung mehr von sich selbst zu haben, nicht mehr verhaftet zu sein durch Verstand und Intellekt, zu leben, was man im Kern ist, nämlich ein mit allem verbundenes Wesen, welches sich zu Hause *fühlt* – das ist, was diese Frau mich gelehrt hat, das ist die wahre Befreiung.

Der Autor Geseko von Lüpke führte zwei Gespräche mit Joanna Macy. Das eine wurde unter dem Titel »Aus der Tiefe der Zeit Wandel gebären« veröffentlicht, das andere unter dem Titel »Die Welt als Geliebte«. Beide Überschriften geben gut wieder, was Joanna Macy ausmacht. Die Welt als Geliebte – so sollen, so müssen wir es sehen, wenn wir von der Natur nicht bald in die Tonne getreten werden wollen. Als gescheitertes Experiment, als Spezies, die etwas zu beherrschen versuchte, von dem sie sich grundsätzlich getrennt wähnte. Joanna Macy weist uns seit Jahrzehnten auf diesen Irrtum hin, und es scheint, als würde die Saat endlich aufgehen.

Bücher von Joanna Macy:
www.thalia.de/autor/joanna+macy-737327

Die Chipko-Bewegung
Mit der Umarmungstechnik zum Erfolg

Als mir vor einigen Jahren die Idee zu diesem Buch kam, legte ich einen Ordner mit Persönlichkeiten an. Es waren fünf, die mir spontan einfielen. Dabei sollte es lange bleiben, denn ich schob das Projekt ein ums andere Mal auf die lange Bank.

Unter den ersten fünf Namen befand sich die Chipko-Bewegung, das weiß ich noch. Im Nachhinein glaube ich, dass sie es war, die mich daran hinderte, das Vorhaben mit den HEROES wieder zu begraben. Sie hielt die Glut in meinem Ordner dezent am Leben. Von ihr ging eine Magie aus, der ich mich auf Dauer nicht entziehen konnte und die ich schließlich als Aufforderung empfand.

Was faszinierte mich an der Bewegung so sehr, dass ich ins konzentrierte Schreiben fand? Was war es? In erster Linie waren es die Fotos dieser Frauen, die ich im Netz fand und auf denen sie vor den Augen der heranrückenden Holzfäller menschliche Verteidigungsringe um jene Bäume bildeten, die der Kreissäge zum Opfer fallen sollten. Die weniger dicken Stämme im Wald wurden einfach umarmt. Und so ergab sich ein sehr surreales Bild, auf dem Dutzende von Frauen sich an die bedrohten Bäume schmiegten, während die Männer mit den Sturzhelmen ratlos die Sägen sinken ließen.

Um zu verstehen, warum es zu der Chipko-Bewegung kam, sind einige Hintergrundinformationen nötig. Es sind ja vor allem Frauen, die sich in der Bewegung engagieren. Sie versorgen ihre Familien aus dem Wald und sind infolgedessen daran interessiert, den Wald als Nahrungs- und Brennstoffquelle zu erhalten. Anfang der 1970er-Jahre wurde in der an Tibet und Nepal grenzenden Gebirgsregion massiv abgeholzt. Besonders betroffen waren die dem Klima und der Höhe angepassten Banj-Wälder. Die gefällten Himalaja-Eichen wurden durch rentablere, nicht angepasste Baumarten ersetzt, was zu einer starken Beeinträchtigung des Ökosystems führte. Überall erodierten feste Böden, immer wieder kam es zu starken Überschwemmungen, welche die Lebensgrundlagen der ansässigen Bevölkerung zu zerstören drohten.

1973 gab es im Dorf Mandal im Alaknanda-Tal des indischen Bundesstaates Uttaranchal die erste spontane Chipko-Reaktion. Der Name Chipko bedeutet in der Hindi-Sprache »festhalten«, »dranbleiben«. Auslöser des Protestes war die Tatsache, dass eine Sportartikelfirma eine Konzession für die großzügige Nutzung des Waldes erhalten hatte, während sie den Dorfbewohnern zuvor verweigert worden war, die Holz für die Herstellung von Werkzeugen gebraucht hätten. Also gingen die Frauen des Ortes in den Wald und hinderten die bestellten Baumfäller mit der oben beschriebenen Umarmungstaktik daran, ihren Auftrag auszuführen. Die Aktionen dauerten die nächsten Jahre an. Dabei kreierten die protestierenden Frauen ihre eigene Hymne, die den fremdbestimmten Forstarbeitern noch lange in den Ohren geklungen haben muss: »This forest is our mother's home, we will protect it with all our might.«

Für Indien war die Chipko-Bewegung nichts überraschend Neues. Sie knüpfte an die gewaltfreien Protestformen gegen einheimische Fürsten oder britische Kolonialherren an, mit denen Frauen durch das Umarmen von Bäumen schon sehr früh den rabiaten Raubbau an dem wichtigsten Rohstoff der Region zu verhindern suchten. Den wahren Ursprung hat die Bewegung allerdings in einem Ereignis aus dem Jahre 1730, als sich die Dorfbewohner von Khejarli in Rajasthan gegen die Abholzung von Khejri-Bäumen durch Soldaten des Maharadschas von Jodhpur zur Wehr setzten. Dabei wurden dreihundertdreiundsechzig Männer und Frauen erschlagen. Am Ende war der Protest jedoch erfolgreich, denn der Maharadscha erließ ein Dekret gegen die Abholzung.

Aber erst die spontanen Proteste der Chipko-Bewegung strahlten auf ganz Indien ab. Seitdem regt sich im Land ein neues Umweltbewusstsein. Außerdem führten die Proteste zu der Forderung nach einem eigenen Bundesstaat in der Himalajaregion. Im Jahr 2000 war es schließlich so weit, da wurde mit Uttaranchal der achtundzwanzigste indische Bundesstaat etabliert.

»Die Hoffnung ist der Regenbogen über dem herabstürzenden jähen Bach des Lebens, hundertmal von Gischt verschlungen und sich immer von Neuem zusammensetzend, und mit zarter schöner Kühnheit ihn überspringend, dort wo er am wildesten und gefährlichsten braust.« – *Friedrich Nietzsche*

Ernst Friedrich Schumacher (1911–1977)
Ein Ökonom, der das menschliche Maß nie aus den Augen verlor

Der Mann hat ein so freundliches Gesicht, ein so gewinnbringendes warmes Lächeln, dass ich ihm alles abkaufen würde: Schnürsenkel, Lutschbonbons, Rasierwasser, ja sogar seine These, dass weniger von allem mehr ist. Und *beautiful* dazu.

Das Attribut »gewinnbringend« ist mir so rausgerutscht, in Bezug auf Ernst Friedrich Schumacher wirkt es deplatziert, ja fast aberwitzig. Schließlich ist er als leidenschaftlicher Verfechter einer Wirtschaftsordnung bekannt, die das »Menschliche Maß« zur Grundlage erhebt. Sein 1973 veröffentlichtes Buch »Small is beautiful« wurde ein weltweiter Bestseller. US-Präsident Carter war von den Ideen des britischen Ökonoms deutscher Herkunft dermaßen begeistert, dass er ihn zur Präsentation des Buches ins Weiße Haus einlud. In seinem viel beachteten Werk, das aus einer Sammlung von Vorträgen und Fachartikeln besteht, die bis ins Jahr 1964 zurückreichen, heißt es:

> »Immer größere Maschinen, eine immer komplizierter werdende Technologie als Triebkraft für die Wirtschaft, zieht automatisch eine wachsende Gewalt gegen unsere Umwelt nach sich. Das hat mit Fortschritt, so wie ich ihn verstehe, nichts zu tun. Es ist die Verweigerung einer weisen Politik. Weise wäre es, Wissenschaft und Technologie in Richtung eines organischen Umgangs

mit der Natur auszurichten – der freundlichen, nicht gewalttätigen, der eleganten und wunderschönen Natur.«

Die Ernst-Friedrich-Schumacher-Gesellschaft brachte kurz nach dem Tod des Mannes eine Denkschrift mit einer Sammlung von Grußworten heraus, zu der auch ich einen Beitrag leisten durfte. Ich gebe ihn hier gerne wieder:

Wer den Menschen als das Maß aller Dinge bezeichnet, sollte sich unbedingt Ernst Friedrich Schumacher zu Gemüte führen. Das menschliche Maß ist sein Thema. Er interpretiert den Begriff völlig neu. Ich empfehle fürs Erste die »Buddhistische Wirtschaftslehre«, einen Artikel, den Schumacher Anfang der Siebzigerjahre veröffentlicht hat. Hier ein Zitat daraus, das mir in allerbester Erinnerung geblieben ist:

»Arbeit erfüllt mindestens drei Aufgaben: Sie gibt dem Menschen die Möglichkeit, seine Fähigkeiten zu nutzen und zu entwickeln. Sie hilft ihm, aus seiner Ichbezogenheit herauszutreten, indem sie ihn mit anderen Menschen in einer gemeinsamen Aufgabe verbindet, und sie erzeugt die Güter und Dienstleistungen, die für ein menschenwürdiges Dasein erforderlich sind. Arbeit so zu organisieren, dass sie für den Arbeiter sinnlos, langweilig, verdummend oder nervenaufreibend wird, ist ein Verbrechen. Eine solche Haltung zeigt, dass Güter wichtiger sind als Menschen. Das aber entspricht einem erschreckenden Mangel an Mitgefühl und der wesenszerstörenden Hinnahme eines Lebens auf der primitivsten Stufe der Existenz.«

Wer nach der Lektüre noch immer nicht umzudenken vermag, sollte sich zumindest darüber im Klaren sein, dass Ignoranz und Dummheit erst die Voraussetzung für ein global agierendes System himmelschreiender Ungerechtigkeit bilden, das uns demnächst auf die Füße fallen wird – mit schrecklichen politischen, sozialen, kulturellen und ökologischen Folgen.

Mitte der Fünfzigerjahre reiste Schumacher als ökonomischer Berater nach Birma, dem heutigen Myanmar. Dort entwickelte er die Grundregeln seiner »Buddhist Economics«, die auf dem Glauben basiert, dass gute Arbeit für eine richtige menschliche Entwicklung wesentlich ist. In Indien, wohin er als Wirtschaftsberater eingeladen war, um die damalige Entwicklungshilfepolitik zu begutachten, hatte der gute Mann dann sein Saulus-Paulus-Erlebnis. Angesichts der unsäglichen Armut, die es dort zu konfrontieren galt, erlebte er sein persönliches Metanoia, wie er es nannte. Unter Metanoia versteht man in der christlichen Theologie einen transformativen Sinneswandel, eine spirituelle Bekehrung.

Ernst Friedrich Schumacher entdeckte, dass die Entwicklungshilfe ausschließlich der Ansiedlung von Unternehmen diente. Von konkreten Hilfsmöglichkeiten für die Armen keine Spur. Dabei sollte die Überwindung der perspektivlosen Armut, sowohl auf dem Lande wie in den Slums, doch das vorrangige Thema von Ökonomen sein! Schumacher machte sich genau dieses Ziel zu seiner vorrangigen Aufgabe, was ihn zu grundsätzlich neuen Erkenntnissen führte.

Sein Credo ist einfach und nachvollziehbar: Technologien sollen uns helfen. Dafür müssen sie erschwinglich sein und die Autonomie des Menschen erhöhen. Technologische Produktivitätssteigerungen für die Massenproduktion und primär zur Steigerung der Profite ist für Schumacher der falsche Weg. Ihm geht es um das »Menschliche Maß«, um den Frieden und die soziale Gewaltlosigkeit in der Gesellschaft. Dafür sind Kleinheit, Einfachheit und niedrige Kapitalkosten am besten geeignet. Diese Kriterien sorgen dafür, dass der Mensch genügend Zeit behält, sich um seine persönliche, geistige Entwicklung zu kümmern.

Arbeiten und Verdienen ist kein Selbstzweck, betonte Schumacher immer wieder, der vor den Nazis nach England flüchtete, wo er zunächst als Enemy Alien, als feindlicher Ausländer interniert wurde. Irgendwann erkannten die Engländer seine außerordentlichen Fähigkeiten und bestellten ihn am Anfang des Krieges zum Berater der britischen Regierung, als diese zur finanziellen Mobilmachung blies.

Nach dem Krieg arbeitete Schumacher als Wirtschaftsberater bei der britischen Steuerkommission, die mit dem Umbau der deutschen Wirtschaft betraut wurde. Von 1950 bis 1970 war er

Chefökonom der britischen Kohlebehörde, die über achthunderttausend Beschäftigte verfügte. Mit seiner weitsichtigen Planung (er sagte den Aufstieg der Organisation Erdöl exportierender Länder [OPEC] und die Probleme der Atomenergie voraus) half er Großbritannien bei seinem Wirtschaftsaufschwung.

Ernst Friedrich Schumacher hatte früh erkannt, dass der Wohlstand der westlichen Industrienationen auf der Ausbeutung endlicher Ressourcen basiert. Ihm wurde klar, dass wir in der Ersten Welt auf keinen Fall an unserer Wachstumsideologie festhalten dürfen. Folgerichtig gründete er 1965 die *Intermediate Technology Development Group*, deren Aufgabe es wurde, technologische Lösungen für die praktischen Probleme der Armen in der Dritten Welt zu suchen. Die Organisation besteht noch heute, sie ist ausschließlich auf Projekte in der Dritten Welt spezialisiert. 2005 wurde sie in *Practicalaction* umbenannt und beschäftigt inzwischen über sechshundert Fachleute weltweit.

Die Erinnerung an die bahnbrechende Arbeit dieses deutsch-britischen Ökonoms, vor allem aber die überzeugende Botschaft seines Buches »Small is beautiful« animierten Queen Elisabeth 1974, Ernst Friedrich Schumacher in den Buckingham Palast zum Lunch einzuladen.

Manchmal fragt man sich, wie all diese Aktivitäten, all dieses Engagement in einem einzigen Menschenleben Platz haben.

Werke, englische Ausgaben

- Small is Beautiful: (A Study of) Economics as if People Mattered. 1973
- A Guide for the Perplexed. 1977
- This I Believe and Other Essays. 1977
- Good Work. 1979

Holger Strohm (*1942)
Das immer noch ungebrochene Mahnwesen

»Die Welt ist ein gefährlicher Ort für Schriftsteller«, stellte Salman Rushdie einst resigniert fest. Das muss auch das »letzte Universalgenie Deutschlands« erfahren, als das »Die Zeit« Holger Strohm einst bezeichnete. Der Zeitung galt er in den Siebzigerjahren als jemand, der sich  äußerst kämpferisch für radikalen Umweltschutz und demokratische Rechte einsetzte. Daran hat sich seitdem nichts geändert.

Holger Strohm hat in zahlreichen Büchern und in unzähligen öffentlichen Auftritten wieder und wieder darauf aufmerksam gemacht, dass unser Leben dabei ist, sich dramatisch zu verändern – im politischen, im sozialen, im medizinischen Bereich ebenso wie im kulturellen Leben. Die Phänomene der Endzeit würden unseren Alltag sozusagen auf natürliche Weise durchdringen. Es sei nun einmal ein Naturgesetz, dass auch einstürzende Systeme ihre Dynamik besitzen. Strohm: »Man muss gar nicht radikal denken und handeln, um es mit radikalen Ergebnissen zu tun zu bekommen. Für gewöhnlich reicht die pure Ignoranz einer Gefahr, um sich ihr unversehens gegenüberzusehen.«

Hinter der Krisenmatrix unserer Tage lauert eine Gefahr, die uns wirklich Angst machen sollte, meint Strohm. Sie sei mehr als jede Pandemie und jeder Atomkrieg geeignet, uns dem globalen Harmagedon näher zu bringen, sozusagen einen Schlussstrich zu ziehen unter die atemlose Aufrechnung sich fort- und fortzeugenden Leids, wie es Ulrich Horstmann in seinem Buch »Das Untier – Konturen einer Philosophie der Menschenflucht« beschreibt. Ein Tsunami der Zerstörung, den das Dauerbeben eines ungezügelten

Kapitalismus ausgelöst hat, schickt sich an, alles aus dem Gleichgewicht zu reißen, was die menschliche Gemeinschaft seit jeher zusammenhält: das filigrane ökologische Netzwerk ebenso wie die sozialen Strukturen unserer globalen Zivilgesellschaft.

Holger Strohm steht als »Mahnwesen« in einer Reihe mit Menschen wie Michael C. Ruppert, Paul Watson, Rudolf Bahro und Edward Snowden, um nur einige zu nennen. Seit über fünfzig Jahren fühlt sich dieser Mann gegen alle Widerstände der Aufklärung verpflichtet, die er in jedem seiner Bücher mit einer Faktenfülle ohnegleichen untermauert. Strohm ist kein Ideologe, auch kein Träumer, er ist Realist durch und durch, der immer wieder die Kraft aufbringt, sich dem galoppierenden Wahnsinn einer durchgeknallten Finanz- und Politelite entgegenzustemmen, die uns zu Bewohnern eines anderen Planeten machen will.

Wir leben in einer Zeit, in der die Mediengesellschaft das Wort »Krieg« prüfend in ihren Händen wiegt wie einen Kohlrabi auf dem Gemüsemarkt, in der man das Denunziantentum hoffähig macht, den Maulkorb zum Accessoire erhebt und den dringend erforderlichen Umweltschutz quasi außer Kraft gesetzt hat. Die Kraftspeicher für die Wachgebliebenen in unserer narkotisierten Zivilgesellschaft sind fast leer. Jetzt gilt es, nicht den Verstand zu verlieren. Holger Strohm ist erstaunlich widerstandsfähig, er ist vor allem eines geblieben: unbeugsam.

Warum wird dieser Mensch zum Staatsfeind erklärt, seine Beiträge im Internet gelöscht, seine Person und seine Bücher totgeschwiegen, sein Telefon abgehört, sein Laptop gehackt, seine Post häufig nicht zugestellt? Warum wird er von Linken und Grünen in die Naziecke gestellt?

Von 1970 bis 2018 ist die Population der Wirbeltiere auf unserem Planeten um neunundsechzig Prozent zurückgegangen (*Die Zeit* vom 08.12.2022). Über hunderttausend Tierarten stehen unmittelbar vor dem Aussterben. Bienen, Hummeln, Fliegen, Mücken sind in der EU fast verschwunden. Und bis zum Ende des Jahrhunderts könnte eine weitere Million Spezies ausgerottet sein. Tropische Korallenriffe sind zur Hälfte tot. Drei Viertel aller globalen Naturräume wurden vernichtet. Wissen Sie, was die Steigerung von tot ist? Nein? Holger Strohm schon: Ausgestorben!

Auf der Weltbiodiversitäts-Konferenz 2023 in Montreal befand sich kein einziger Regierungs- oder Staatschef. UN-Generalsekretär Guterres hingegen war anwesend und stellte fest, dass der Mensch einen Vernichtungskrieg gegen die Natur führt. In Zukunft wird er, wenn er so weitermacht, selbst auf der Liste der aussterbenden Spezies landen.

Holger Strohm malte dieses Menetekel bereits vor über fünfzig Jahren in seinem »Umweltschutzreport« an die Wand, in dem über ein Dutzend Staatsoberhäupter und kompetente Umweltkoryphäen aus der ganzen Welt mitwirkten. Seine Bücher gegen die Atomenergie, insbesondere sein Bestseller »Friedlich in die Katastrophe«, bescherten der Atomenergie enorme Verluste. Das hat man ihm bis heute nicht verziehen, Umweltschutz hin oder her.

Hier noch einige Infos zur Person: Dr. Holger Strohm ist Fertigungstechniker und war später als Berufsschullehrer tätig. 1971 stellte er seinen ersten Bestseller »Friedlich in die Katastrophe« fertig. Das Buch wurde zur Bibel der Anti-Atomkraft-Bewegung und hat in ganz Europa ein Umdenken im Umgang mit der Kernenergie bewirkt. Anfang der 1980er-Jahre wurde Strohm Mitbegründer der Partei Die Grünen in der BRD.

Strohm zählte in den 1980er-Jahren zu den ersten Bürgerrechtlern der BRD. Er wurde später mit der Verdienstmedaille des Bundesverdienstordens ausgezeichnet, die ihm unter Bundespräsident Steinmeier allerdings wieder aberkannt wurde. Holger Strohm deckt sein Leben lang auf, was Regierungen unter den Teppich kehren. Er ist eine lebende Legende der deutschen Aktivistenszene mit einem enormen Wissen von fast allem, was an Staatsverbrechen in diesem Land vollzogen wurde und wird. Er ist aber auch ein liebenswerter Mensch, der Antiquitäten sammelt und ein hervorragender Fotograf ist, was er mit seinem Kalender »Poesie der Mode« 1978 eindrucksvoll unter Beweis stellte. Im selben Jahr besuchte ich ihn in seiner Hamburger Wohnung. Rudi Dutschke war ebenfalls zu Gast, der sichtlich an den Folgen des Attentats litt, das 1968 auf dem Kurfürstendamm auf ihn verübt wurde.

Bücher, eine Auswahl

- Friedlich in die Katastrophe. Eine Dokumentation über Atomkraftwerke. Edition Nautilus, Hamburg 2011. Aktuelles Vorwort von Michael Müller
- (Hrsg.): Der Umweltschutzreport. Melzer, Darmstadt 1973
- Politische Ökologie. Arbeitsmaterialien und Lernmodelle für Unterricht und Aktion. Rowohlt, Reinbek 1979
- Wie unsere Gene bestrahlt, beschädigt und manipuliert werden. Zweitausendeins, Frankfurt 1986
- Gaia weint. Wider die Zensur, Mölln 2008
- Das Wunder des Seins und seine Zerstörung. Sokrates, München 2010
- Asyl. Schild Verlag, Elbingen 2016
- Demokratie in Gefahr: Was ist aus Deutschland geworden? Schild Verlag, Elbingen 2017
- 50 Fragen an Holger Strohm – gestellt von Dirk C. Fleck. Schild Verlag, Elbingen 2023

Jean Seberg (1938–1979)
Vom FBI vernichtet: Ein Leben außer Atem

Sie schlenderte die Avenue des Champs-Élysées entlang, hielt ein Zeitungsexemplar in die Luft und rief: »New York Harold Tribune! New York Harold Tribune!« Ihre zarte Stimme ähnelte eher der eines Vogels im Frühling, als einer Frau, die entschlossen war, Umsatz zu machen. Jean Seberg hieß das  Mädchen, deren Abdruck ich noch heute auf der Seele trage.

Das ging einer ganzen Generation so, wir alle hatten ja Jean Luc Godards Meisterwerk »Außer Atem« gesehen, das heute als Beginn der Nouvelle Vague gilt. Es war dieses filigrane Wesen, dieses fast durchsichtige Geschöpf, das dem Film einen besonderen Anstrich gab, ihn sozusagen in Goldpapier wickelte. Ganz nebenbei reüssierte auch noch ein großartiger Jean Paul Belmondo vor der Kamera.

Die Amerikaner ertragen es nicht, wenn ein europäischer Film bei ihnen ein Erfolg zu werden droht. Bevor das passieren kann, drehen sie lieber ein Remake. In diesem Fall hieß der Film »Atemlos«. In den Hauptrollen Richard Gere und Valérie Kaprisky. Auch nicht schlecht, aber es fehlte die Würzmischung des Originals, die durch Jean Seberg zustande kam. Dass die New York Harold Tribune, für die sie in dem Film auf die Straße ging, nur zehn Jahre später an der perfiden Rufmordkampagne gegen sie beteiligt war, ist ein besonders makabrer Aspekt in der tragischen Biografie dieser mutigen Frau.

1970 kam es auf einem Friedhof in Los Angeles zu einer Szene, wie sie sich ein Drehbuchautor gespenstischer nicht hätte ausdenken können. Vor einem geöffneten Kindersarg drängelten sich hundertfünfzig Fotografengeier, um ein totes Baby abzulichten, das nur zwei Tage gelebt hatte. Der Name des Winzlings: Nina Hart Gary, Tochter der US-amerikanischen Schauspielerin Jean Seberg. Was war der Grund für diesen absurden Auflauf? Ganz einfach: Die Öffentlichkeit sollte (wollte) erfahren, ob die Kleine tatsächlich von schwarzer Hautfarbe war.

Die Zeitschrift »Newsweek« und zahlreiche andere Mainstreammedien im Land hatten monatelang von der Schwangerschaft berichtet und auch den mutmaßlichen Vater genannt: Hakim Jamal, Black-Panther-Aktivist. Das Gerücht über Jamals angebliche Vaterschaft war vom Federal Bureau of Investigation (FBI) gestreut und von der Presse nur allzu gerne kolportiert worden. Im FBI sind sowohl die Strafverfolgungsbehörde als auch der Inlandsgeheimdienst der US-Bundesregierung zusammengefasst. Erst am Tage, als ein Blitzlichtgewitter auf das tote Baby niederprasselte, wurde klar, welch übles Spiel das FBI mit der Schauspielerin gespielt hatte: Das Baby war weiß!

Die Geschichte lässt sich in einem Satz zusammenfassen: Jean Sebergs Engagement für die schwarze Bürgerrechtsbewegung machte sie zum Ziel des FBI und führte letztlich zu einer medialen Vernichtungskampagne, die sie das Leben kostete.

Die »Akte Seberg« umfasst Hunderte von Seiten. Ziel der groß angelegten Überwachungsaktion war die »Neutralisierung« der Schauspielerin, wie es intern hieß. Jede Seite der Seberg-Akte ist voll illegaler Einblicke in das Leben, die Psyche und das Bett des Hollywood-Stars. Die Akte zeichnet ihre Tagesabläufe nach und listet ihre Aufenthaltsorte auf, ist voll mitgeschnittener Telefonate und heimlich geschossener Fotos. Interne Memos bestätigen, dass Jean Seberg wegen ihrer Einstellung gegen Rassismus ins Fadenkreuz des FBI geraten ist: Es war ihr Engagement für die Black Panther Party, die von ihr zudem mit großzügigen Spenden unterstützt wurde.

»Ich fühle mich wirklich verpflichtet, die Stimme und die Plattform zu gebrauchen, die mir mein Ruhm gewährt hat, um sich für diejenigen einzusetzen, deren Stimmen keine Chance haben, gehört zu werden.« – *Jean Seberg*

Jean ist erst siebzehn Jahre alt, als sie in einer Talentshow entdeckt wird und das ländliche Iowa verlässt, um ihr Glück in Hollywood zu suchen. Tatsächlich wird einer der großen Regisseure auf sie aufmerksam: Otto Preminger. Er macht das junge Mädchen in dem Film »Saint Joan« zu seiner Jeanne d'Arc. Damals wird in Hollywood noch weitgehend auf künstlich erzeugte Special Effects verzichtet. So zündet man den Scheiterhaufen, auf dem Jeanne d'Arc verbrannt werden sollte, tatsächlich an. Das Feuer gerät außer Kontrolle und fügt der Schauspielerin starke Verbrennungen zu. Ein traumatischer Moment, den Preminger gutzumachen versucht, indem er Jean Seberg kurz darauf in der Verfilmung von Françoise Sagans Bestseller »Bonjour Tristesse« besetzt.

Nach dem Dreh verlässt die Schauspielerin in Begleitung ihres ersten Mannes, eines französischen Anwalts, die USA. In Frankreich dreht sie den Film, der sie weltberühmt machen sollte: »A bout de souffle« (»Außer Atem«). Die folgenden zehn Jahre arbeitet sie ausschließlich in Frankreich und avanciert zum Gesicht des französischen Kinos.

Schließlich versucht sie einen Neustart in Hollywood. Sie kommt mit ihrer europäisch-intellektuellen Weltanschauung nach L. A. und gerät mitten hinein in die afroamerikanische Bürgerrechtsbewegung. Das FBI wird schnell auf sie aufmerksam – was nicht verwundert, denn Jean Seberg nutzt ihre Popularität, um in zahlreichen Interviews für die Ziele der Black Panther Party zu werben. Ihr Ruf und ihr Einfluss mussten, so besagen später gefundene FBI-Akten, gründlich zerstört werden. Als Jean Seberg davon erfährt, dass auch die Familie von Hakim Jamal bedroht wird, gewährt sie ihr in ihrem kalifornischen Haus Unterschlupf. Das bringt das Fass zum Überlaufen. Die Vernichtungstragödie der Jean Seberg nimmt Fahrt auf.

Das FBI weiß längst von ihrer Liebschaft mit dem Black-Panther-Aktivisten. Im Frühling 1970 erwartet Jean ein Kind. Ihre Schwangerschaft bietet die Chance zu einem letzten, unerbittlichen Schlag. In einer direkt an FBI-Chef Hoover gerichteten Anfrage heißt es: »Es wird um Erlaubnis gebeten, die Schwangerschaft der bekannten Filmschauspielerin publik zu machen.« Man will das Gerücht streuen, dass der Vater des ungeborenen Kindes der Black-Panther-Aktivist Hakim Jamal sei. »Wir glauben, dass eine Veröffentlichung dieses Gerüchts dazu führen könnte, sie bloßzustellen und ihr Image in der Öffentlichkeit zu entwerten«, heißt es in der Anfrage weiter. Hoover erteilt die Erlaubnis – mit der Anweisung, so lange zu warten, bis der gewölbte Bauch der Schauspielerin zu sehen ist.

Die Falschinformation wird Klatschblättern in Hollywood gesteckt. Sie erscheint auch in der Klatschspalte der *Los Angeles Times*, von wo sie ihren Weg in die Zeitungen quer durch die USA findet.

Die Hetzjagd hat ihre Wirkung nicht verfehlt. Der ehemalige Filmstar ist eine gebrochene Frau, alkoholabhängig und tablettensüchtig. Im Spätherbst 1979 verschwindet Jean Seberg aus ihrer Pariser Wohnung, niemand weiß, wo sie sich aufhält.

Nach zehn Tagen wird sie tot in einem geparkten Auto gefunden, in der Hand einen kurzen Abschiedsbrief. Nur Tage später stellen ihre Anwälte einen Antrag auf die Herausgabe der »Akte Seberg«, dem das FBI nachkommen muss. Die gezielte Zerstörung der Jean Seberg liegt nun für alle sichtbar offen aus.

Im Jahre 2019 erschien ein Film, der ihre tragische Geschichte sehr gut nacherzählt. Titel: »Jean Seberg – Against all Enemies«, mit einer großartigen Kristen Stewart in der Hauptrolle. Hier der Link zum Trailer: www.youtube.com/watch?v=r3KlFBtaMAw

Michael C. Ruppert (1951–2014)
Im Krieg mit den großen bösen Jungs

»Die Literatur? Das sind wir und unsere Feinde«, hat Heinrich Heine einmal gesagt. Der Spruch könnte etwas weiter gefasst auch von Michael C. Ruppert stammen: »Das Leben? Das sind wir und unsere Feinde.« Von denen hatte dieser Mann weiß Gott genug. Er ist an ihnen zerbrochen.

Es gibt ein wunderschönes Video auf YouTube: In Memory of Michael C. Ruppert (www.you tube.com/watch?v=ZwysfmKNNkQ). In den zahlreichen Kommentaren dazu schwingt eine Traurigkeit mit, die etwas sehr Verbindendes hat. Am deutlichsten kommt es in diesem Kommentar zum Ausdruck: »The passing of this man is painful for many of us around the world.« (Der Tod dieses Mannes schmerzt viele von uns in der ganzen Welt.) Tatsächlich hat Michael C. Ruppert so etwas wie eine Familie hinterlassen. Viele Menschen (around the world) haben erst nach seinem Selbstmord die Verzweiflung geschmeckt, in der er ertrunken ist, nachdem er uns vorgelebt hatte, was Courage und Mut, was Gradlinigkeit und Herzensbildung wirklich bedeuten.

In dem Film »Collapse« zieht Michael eine persönliche Bilanz, die mich nicht mehr loslässt. Er spricht davon, zu welch fantastischen Leistungen der menschliche Geist fähig ist, welch großartige Zeugnisse seiner Kreativität sich überall finden lassen. In allen Lebensbereichen und besonders in der Kunst – in der Literatur, der Malerei, der Musik, der Bildhauerei. Selbst im Zusammenleben herrschte gelegentlich Harmonie und Frieden. Und unter Tränen

fügt er hinzu: »All das ist inzwischen unter einem Berg von Schei-
ße begraben!«

Lasst uns noch ein wenig bei den Kommentaren bleiben, die ich
erwähnt habe und aus denen ausschließlich Respekt und Liebe
spricht. Auf eine Übersetzung verzichte ich, um den Worten keinen falschen Ton aufzusetzen:

> Mike died of a broken heart. He couldn't bear it any-
> more. I feel you Mike. The tragedy underway is so vast.

> You can see the burden of knowledge in his eyes. Must
> have been torture to know so much and still witness
> the march of the empire

> This hit like a ton of bricks. I felt like I lost a friend.

> I really look up to him. Such bravery. Inspiration. And
> so smart. A true leader. Wish I could've met him in per-
> son.

> He has been and always will be one of my greatest he-
> roes. I was hurting deeply for a long time when we lost
> him.

Berühmt und berüchtigt wurde Ruppert in seiner Funktion als Dro-
genfahnder *(Narcotics Detective)* bei der Polizei von Los Angeles.
Dort deckte er die Verwicklung der CIA in den Drogenhandel mit
Südamerika auf, was seinen korrupten Vorgesetzten und dem Geheimdienst überhaupt nicht gefiel, zumal die Vorwürfe in einer
Senatsanhörung publikumswirksam zur Sprache kamen. Folgerichtig wurde er 1978 vom Dienst suspendiert, was ihn aber nicht
daran hinderte, in Sachen CIA und Drogen weiter zu recherchieren. Achtzehn Jahre (!) nach seiner Suspendierung konfrontierte
er den damaligen CIA-Direktor John Deutch auf einer öffentlichen
Veranstaltung mit dem Vorwurf, dass die CIA am Drogengeschäft
in den amerikanischen Großstädten kräftig mitverdiene.
   Der Investigativjournalist und Pulitzerpreisträger Gary Webb
nahm sich der Geschichte an und veröffentlichte die von Ruppert

gelieferten Beweise in einer Artikelserie mit dem Titel »Dark Alliance«. Ausgerechnet die Kollegen der großen US-Zeitungen zerrissen die umfangreich dokumentierte Arbeit in Bausch und Bogen. Webb konnte daraufhin beruflich nie wieder Fuß fassen und brachte sich nach offiziellen Angaben im Jahr 2004 durch zwei (!) Schüsse in den Kopf um, was die Selbstmordtheorie mehr als zweifelhaft erscheinen ließ.

Michael C. Ruppert litt sehr unter dem Tod Webbs, er fühlte sich schuldig. Gleichzeitig wurde ihm bewusst, welcher Gefahr er sich selbst aussetzen würde, falls er sich weiterhin so entschieden ins politische Geschehen einmischte. Das hielt ihn jedoch nicht davon ab, *From The Wilderness* zu gründen (fromthewilderness.com). Das Format entwickelte sich schnell zu einer der bekanntesten politischen Internetseiten der USA. Die Seite und der zugehörige Newsletter widmeten sich vor allem der Aufdeckung geheimer Regierungsoperationen sowie der Hintergrundanalyse politischer Ereignisse.

Michael C. Ruppert war inzwischen Kult in den Staaten. In seinem Buch »Crossing the Rubicon« beschrieb er, welchen Einfluss die sinkenden Weltölreserven auf die Neuausrichtung der US-Geopolitik haben würden. Die Terroranschläge vom 11. September 2001 auf das World Trade Center waren bereits Teil dieser Neuausrichtung, sie waren, so Ruppert, eine Inszenierung des Staates.

Dies und der unaufhaltsame Erfolg der Internetplattform *From The Wilderness* rief die großen bösen Jungs auf den Plan. Am 25. Juni 2006 wurde in die Redaktionsräume eingebrochen. Die Einbrecher machten Nägel mit Köpfen. Alle sieben Computer, auf denen sich jede Menge verräterischer Informationen befanden, wurden mit Vorschlaghämmern zu Plastikbrei verarbeitet.

Am 29. September 2008 veröffentlichte Ruppert in einem Artikel, dass er sich in persönlicher Gefahr (»I am in personal danger now«) befinde, da er den unausgesprochenen Handel mit der Regierung, zurückgezogen zu leben und nicht an die Öffentlichkeit zu gehen, gebrochen habe (»I have broken an unspoken deal with the government to remain retired and not speak out«).

Er zog sich mit seinem Hund Rags auf das Grundstück eines Freundes in die Wüste zurück. Der Journalist Cheri Roberts besuchte ihn und berichtete, dass Michael davon sprach, sich demnächst umzubringen.»Er hatte sich entschieden, eine Diskussion darüber war zwecklos.«

Im April 2014 war es so weit. Michael C. Ruppert erschoss sich vor seinem blauen Truck auf dem Grundstück seines Freundes Jack Martin unweit des Napa Valley nördlich von San Francisco. Wenige Tage zuvor soll er in einem Gespräch mit Jack folgenden Satz gesagt haben:»Der Weg, den du gewählt hast, ist der einzige, der noch offen vor dir liegt.«

Am 6. November 2009 kam in den USA der Dokumentarfilm »Collapse« von Regisseur Chris Smith heraus, der Michael Ruppert und sein Weltbild dokumentiert. Der Film wurde in Deutschland erstmals auf der 60. Berlinale im Februar 2010 gezeigt.

Prentice Mulford (1834–1891)
Wir leben nicht in unseren Körpern, unsere Körper leben in uns

Vor dreißig Jahren fiel mir ein Buch in die Hände, dessen Titel mich auf Anhieb faszinierte. Er lautete: »Unfug des Lebens und des Sterbens«. Den Autor Prentice Mulford kannte ich damals nicht, inzwischen ist er mir durch andere hinzugekaufte Werke wohlvertraut. Mulford war ein US-amerikanischer Journalist, Philosoph und Schriftsteller. Er starb in einem Segelboot treibend vor Long Island. Zu einem meiner Helden wurde er, weil er mit leichter Hand alle bemühten Erklärungen  über den Sinn des Lebens auszuhebeln verstand und mich überzeugend daran hinderte, das allumfassende Mysterium meiner Existenz mit dem Verstand erklären zu wollen. Stattdessen stellte er einen selbstgezimmerten Wegweiser auf und auf dem stand: ZUM URVERTRAUEN.

Die österreichische Schriftstellerin Bertha Diener (1874–1948), besser bekannt unter ihrem Pseudonym Sir Galahad, schrieb über Mulford: »Er ist ein Heiliger, ein Durchschiffer spiritueller Ozeane. Er ist das Genie der Pietätlosigkeit! Seine Weisheit wuchert wild wie ein Dornbusch. Nie wird ihm eine Erkenntnis aus zweiter Hand. Wollte unser Herr Jesus Christus ihn in eine längere Offenbarung verwickeln, er würde vielleicht höflich, jedenfalls entschieden ablehnen und zöge es vor, sich seine Informationen vom lieben Gott direkt zu holen.«

Bertha Diener hat die Schriften Mulfords übersetzt. Sie wurde sein größter Fan. Tatsächlich ist es kaum möglich, sich der unbekümmerten, humorvollen und gleichzeitig radikalen Gedankenwelt dieses Mannes zu entziehen, dessen deutschstämmige Eltern ein Hotel in Sag Harbor besaßen, zu dem ihr Sohn unterwegs war, als er starb. Der Fischer Verlag schrieb 1977 einleitend über das in seinem Hause verlegte Buch »Unfug des Lebens und des Sterbens«: »Haben wir es noch nötig zu sterben? Oder sterben wir nur, weil wir glauben, dass wir es müssen? Sollten wir nicht lieber leben lernen – denn richtig leben wird Sterben überflüssig machen. Durch eine Vielzahl köstlicher Essays zieht sich wie ein roter Faden diese Aufforderung: doch von unserem Kleinmut und unserer geistigen Enge zu lassen und uns stattdessen aufzuschwingen zu der Freiheit und der Macht des Bewusstseins, das wir in Wirklichkeit sind.«

Die Macht des Bewusstseins. Eine ungeheure Kraft. Unser Geist, so Prentice Mulford, hat die wunderbare Fähigkeit, dieses Leben, diese Kraft an sich zu ziehen. Und was er einmal an sich gezogen hat, bleibt ihm in alle Ewigkeit. Leider ist die europäische Kultur von dem Gedanken geprägt, dass Kraft dazu da ist, für oder gegen etwas angewendet zu werden. Das ist falsch. Kraft zu haben bedeutet, voll und ganz gegenwärtig zu sein.

Worauf mich Prentice Mulford auf seine unnachahmliche Weise immer wieder aufmerksam machte, ist dies: Wir leben nicht in unseren Körpern, unsere Körper leben in uns. Und was sie an Sinneseindrücken liefern, bestimmt die Leichtigkeit unseres jetzigen und zukünftigen Seins. Eine der stärksten Quellen geistiger und körperlicher Macht ist unsere Fähigkeit, alles Denken willentlich auszuschalten. Sechzig Sekunden Träumerei sind sechzig Sekunden vollkommene Ruhe für Geist und Körper, die es dringend braucht, um unseren Energiehaushalt aufzutanken, bevor wir in der Hektik des Alltags vollends entmenschlicht werden.

In den letzten dreißig Jahren, die mich immer mal wieder zu den Schriften von Prentice Mulford haben greifen lassen, ist mir kein Mensch begegnet, der diesen Mann kannte. Das hat sich nun geändert. Auf Facebook fand ich vor Kurzem eine Seite, die seinen Namen trägt und auf der ich folgenden großartigen Text fand, den ich hier gerne wiedergeben möchte:

Alle wilden Geschöpfe haben in ihren natürlichen Lebensbedingungen eine Art Seligkeit, denn sie sind wahre Ausdrucksformen des großen Unbekannten, das wir in Ermangelung eines besseren Wortes das unendliche Bewusstsein nennen wollen. In der wahnsinnigen, jubelnden Ekstase des Liebesschreis, mit der der große Vogel einsam in der Morgendämmerung über die Tannen hin nach einer Unbekannten ruft, ist seines Lebens Schönheit, Wahrheit und Glück, wie es gleichermaßen der unvergleichliche Sprung für die Wildkatze ist, mit dem sie, ein Dämon der Anmut, ihm den Jubelruf in der Kehle durchbeißt. Wo aber ist diese Wahrheit und Anmut, wenn der Mensch sein Geselchtes mit Bier hinunter schwemmt? Dann nähert sich sein Ausdruck in ganz verdächtigem Maße dem Geschöpf, in das er den starken, mutigen Eber verzüchtet – verschweinzt hat, denn das Schwein ist Menschenwerk und zeigt so recht, was aus einer »Wahrheit« wird, die er in seine Finger bekommt. Die ebenmäßige, stark beschwingte, sich selbst erhaltende Wildgans ist eine Wahrheit: ist einer der Ausdrücke des unendlichen Bewusstseins. Die watschelnde, hilflose, flügellahme, leberkranke, geschoppte Gans ist das, was von einer Wahrheit übrig bleibt, wenn der Mensch dazukommt.

Danke, Prentice, für diesen wunderbaren Text, in dem vom Dämon der Anmut die Rede ist. Man sieht ihn überall in der freien Natur, übrigens auch im Menschen. Vorausgesetzt er verfügt über einen freien Geist, der ihn gelegentlich zur Kühnheit befähigt ...

Zum Schluss noch einige »praktische Rezepte« dieses Mannes, von dem ich nicht genug kriegen kann:

Wir leben in der Tretmühle der Sinne. – Neue Erkenntnisse, neue Erfahrungen – und wären wir auch überzeugt von ihrer Wahrheit, gehen nur zu leicht in der Leier des Alltags, im geruhsamen Zotteltrott der Banalität wieder verloren. Niemand von uns darf erwarten, sogleich und für alle Zeit zu neuen Gesetzen, Prinzipien und Methoden des Daseins empor zu leben. Im vollen Bewusstsein ihrer Wahrhaftigkeit wird doch ein Teil – irgendein verborgenes Bockbeiniges in uns – sich still dagegen stemmen. Dieses Teil ist das Materielle – die Erfahrung des Leibes – des Blutes – der Zellen. Darum können neue Intuitionen nicht oft genug wiederholt werden: »Es gibt eine höchste Macht und waltende Kraft, die alles durchdringt und belebt.« Wir sind ein Teil dieser Kraft. Und als solchem ist uns die Fähigkeit gegeben, durch dauerndes schweigendes Verlangen, Beten oder Wünschen immer mehr von den eingeborenen Qualitäten dieser höchsten Macht in uns zu ziehen.

Literatur

- Prentice Mulford: *Die Möglichkeit des Unmöglichen*. EP Tal & Co. Verlag, Wien 1918.
- Prentice Mulford: *Unfug des Lebens und des Sterbens*, neu aufgelegt bei Fischer Taschenbuch-Verlag
- Schmidt, Karl O.: *Einer, der es wagt: Leben u. Werk d. Prentice Mulford*, Pfullingen: Baum-Verlag, 1961
- Prentice Mulford: *Das Ende des Unfugs, Ausgewählte Essays von Prentice Mulford. Sehr frei bearbeitet und aus dem Englischen übertragen von Sir Galahad,* Albert Langen München

Tank Man
Der mit den Panzern tanzte

Drei Minuten, mehr waren es nicht. Drei Minuten, die uns bis heute in Erinnerung geblieben sind. Wie kann das sein, was sind schon drei Minuten? Nun, drei Minuten sind nicht viel, das ist richtig. Zumindest nicht, wenn man auf der Couch sitzt und nach Feierabend gelangweilt die Ereignisse des Tages konsumiert, die einem via TV frei Haus geliefert werden. Auf dem elektrischen Stuhl würden einem die drei Minuten schon etwas länger vorkommen, glauben Sie mir. Und genau in diese Intensität waren auch die drei Minuten auf dem Platz des Himmlischen Friedens gewickelt, als ein Mann mit zwei Einkaufstüten in den Händen sich einer heranrollenden Panzerkolonne in den Weg stellte und ihr schreckliches Kettengerassel vorübergehend verstummen ließ. Zwar versuchte der Führungspanzer auszuweichen, aber der Mann mit den Plastiktüten vollzog das Ausweichmanöver mit. Rien ne va plus, jedenfalls endlose drei Minuten lang.

Im April 1989 wurde es in Peking unruhig. Studenten gingen auf die Straße, um für politische Reformen und Meinungsfreiheit zu demonstrieren. Auslöser war der Tod des ehemaligen Generalsekretärs der KP Chinas, Hu Yaobang. Er galt in der Partei als Reformer. Im Laufe der nächsten Wochen und Monate bekam die Studentenbewegung Zulauf von Arbeitern und Intellektuellen. Hunderte traten in den Hungerstreik und errichteten auf dem Tian'anmen ein provisorisches Lager.

Die harsche Reaktion der Parteiführung blieb nicht aus. Am 20. Mai wurde über Peking das Kriegsrecht verhängt, dennoch setzten die Demonstranten ihren gewaltfreien Widerstand fort. Auf dem Platz des Himmlischen Friedens errichteten sie eine riesige Freiheitsstatue, die »Göttin der Demokratie«. Es war ein letztes Fanal, denn am 3. Juni erhielt die Armeeführung den Befehl, den Tian'anmen einzunehmen. Mehr als hunderttausend Menschen waren zu der Zeit auf dem Platz versammelt.

Ungeachtet der Gefahren, die das Eingreifen mit sich bringen könnte, setzte die chinesische Regierung die Armee in Marsch. Dabei stießen die vorrückenden Truppen auf erbitterten Widerstand, den die Soldaten zu brechen versuchten, in dem sie rücksichtslos in die Menge schossen. Auf der Chang'an Jie, eine der großen Straßen, die den Platz des Himmlischen Friedens begrenzen, rückten Panzer an, um das »Werk« zu vollenden. Und inmitten dieses Aufmarsches stand ein schlanker Mann im weißen Hemd mit zwei Einkaufstüten in den Händen und begann mit den Stahlmonstern zu »tanzen«.

Das Foto ging um die Welt. Das Video, welches aus einem Hotelfenster gefilmt wurde, ebenfalls. Darauf sieht man, wie Tank Man (als solcher ist er in die Geschichte eingegangen) die Ausweichmanöver des ersten Panzers mit geschmeidigen Ausfallschritten beantwortet und ihn so am Weiterfahren hindert. Schließlich eilen mehrere Männer auf die Straße und zerren Tank Man in die Menge. Wenn es Zivilisten waren, haben sie ihn möglicherweise vor seinem eigenen Mut geschützt. Vermutlich aber waren es Geheimagenten. Sie werden ihn nicht geschont haben.

Am frühen Morgen des 4. Juni hatte das Militär den Tian'anmen geräumt. Hunderte, wenn nicht Tausende Menschen waren dabei auf dem Platz, vor allem aber in den umliegenden Straßen, von den Schüssen der Soldaten getötet oder von Panzern überrollt worden.

Die halsbrecherische Aktion des Mannes mit den Einkaufstüten hat sich ins Gedächtnis der Welt gebrannt, was es der Kommunistischen Partei Chinas unmöglich macht, das Massaker an der eigenen Bevölkerung zu einer Randnotiz der Geschichte zu degradieren.

Die Identität von Tank Man ist bis heute nicht geklärt. Zu seinem weiteren Schicksal gibt es verschiedene Versionen. Eine lautet, er sei Ende Juni 1989 hingerichtet worden, eine andere besagt, seine Hinrichtung sei erst Monate später vollstreckt worden. Und später gab es sogar Gerüche, Tank Man lebe anonym in Taiwan.

Unter diesem Titel ist das Video auf YouTube zu sehen: »Man vs. tank in Tiananmen square (1989)« (www.youtube.com/watch?v=YeFzeNAHEhU).

Weblinks

- *Jeff Widener: Tiananmen Uprising:* www.jeffwidener.com/galleries/tiananmen-uprising
- *FRONTLINE – The Tank Man.* PBS-Dokumentation, April 2006 (Video, 84 Min., englisch): www.pbs.org/wgbh/pages/frontline/tankman
- *Der »Tank Man« – Es war das Bild seines Lebens,* Interview mit Jeff Widener vom Tagesspiegel: www.tagesspiegel.de/themen/reportage/tiananmen-massaker-am-platz-des-himmlischen-friedens-der-tank-man-es-war-das-bild-seines-lebens/9987100.html

Edward Abbey (1927–1989)
Gott sprenge Amerika

Ökotage. Woran denken Sie da? An eine Umweltwoche, eine alternative Messe? Falsch. Der Begriff leitet sich von Sabotage ab. Edward Abbey hat ihn geprägt. In seinem Kultbuch »The Monkey Wrench Gang« von 1975 schickt er eine Gruppe von Aktivisten mit dem Ziel durch die USA, Industrieanlagen lahmzulegen. Seine Rebellen sind mit nichts anderem bewaffnet, als mit einer Werkzeugkiste, in der ein Universalschraubenschlüssel, der Monkey Wrench, ihr wichtigstes Instrument ist. Gemessen an den Mitteln, die den Profitgeiern in ihrem Vernichtungskrieg gegen die Natur zur Verfügung stehen, ist das geradezu lächerlich, hat aber den Effekt, dass sich zahlreiche Leser überall auf der Welt an der romantischen Vorstellung ergötzen, dass man der mörderischen Zivilisation auf diese Art erfolgreich in die Speichen greifen könnte.

Abbeys modernes Märchen traf den Nerv der Zeit. Zumindest in den USA, wo sich im Zuge seines Buches die radikale Umweltschutzgruppe *Earth First!* gründete, die in ihrem Logo ein Monkey Wrench abbildet. Im gleichen Maße, wie der Raubbau an den natürlichen Ressourcen der Erde voranschreitet, etablieren sich überall auf der Welt radikale Umweltschutzgruppen, die durch spektakuläre Aktionen auf sich aufmerksam machen – durch Ökotage eben. Inzwischen gibt es *Earth-First!*-Gruppen auch in Großbritannien, den Niederlanden, Belgien, der Tschechischen Republik, Kanada, Australien, Nigeria, Italien, Mexiko, der Slowakischen Republik und auf den Philippinen.

Bei einem Besuch in den USA Anfang der Neunzigerjahre hatte ich die Gelegenheit, Dave Foreman kennenzulernen, der sieben Jahre als Anwalt für die Umweltschutzorganisation *Wilderness Society* gearbeitet hatte, bevor er mit einigen Freunden im April 1980 die Gruppe *Earth First!* gründete. Etablierte Umweltschutzgruppen einschließlich Greenpeace waren ihm zu lau, zu kompromissbereit. »Ihr Engagement kommt mir vor, als würde man am Strand des Lebens schnell noch ein Büschel Seegras pflanzen, um dem Tsunami der Zerstörung Einhalt zu gebieten«, sagte er halb belustigt, halb verbittert. Natürlich galt er den ehemaligen Kollegen nun als »Ökoterrorist«, der von ihnen keinerlei Unterstützung zu erwarten hatte. »Wir gehen keine Kompromisse mehr mit der Politik ein«, betonte er in unserem Gespräch, »das tun die anderen schon zur Genüge. Wir vertreten keine menschlichen Interessen, für uns stehen die Interessen dieses einzigartigen Planeten im Vordergrund.«

Wie gesagt, der geistige Vater dieser entschlossenen Ökokrieger heißt Edward Abbey. Abbey war einer der zahlreichen US-amerikanischen »Nature Writer«, ein Begriff, den wir nicht kennen, weil die Natur bei uns nur noch Stückwerk ist, während sie in den Staaten noch weitflächig atmet. Nature Writer »besingen« ihren Zauber, ihre unverdorbene Schönheit, ihr wildes, faszinierendes Auftreten. Sie halten den Menschen aus ihren Geschichten weitgehend heraus, und falls nicht, treten diese als Einzelwesen auf, die voll Respekt und Demut in das Mysterium eintauchen und sich in ihm zu behaupten versuchen.

Aber mit der fortschreitenden Umweltzerstörung bekam auch die heile Welt der Nature Writer einen Knacks. Edward Abbey war Ende der Fünfzigerjahre im Arches National Park als Ranger (Parkwächter) tätig. Der in Utah gelegene Park ist für zweitausend natürliche Sandsteinbögen bekannt. In die Zeit seiner ersten Tätigkeit als Ranger (1956/57) fiel in den USA die umfassende, politisch gewollte »Erschließung« der Nationalparks für den Massentourismus. In seinem Roman »Desert Solitaire« von 1968 schildert er, wie dieser Umschwung statt Umwelt- und Naturbewusstsein zu stärken, die Menschen dazu bringt, in Autoschlangen die Parks zu durchkreuzen. Wo vorher eine überschaubare Zahl von Naturliebhabern zu Fuß oder im Sattel die Parks erkundeten, bewegten sich plötzlich Autokolonnen auf neu gebauten Straßen durchs Paradies.

Ein Schock, den Abbey nie überwunden hat und der ihn schließlich dazu bewog, zum aktiven Protest aufzurufen. Aus Verbitterung über die »Direktivlinge« in den Regierungs- und Amtsstuben näherte er sich unverhohlen anarchistischen Ideen an: »Anarchismus ist kein romantischer Irrglaube«, schrieb er, »sondern die nüchterne, auf fünftausend Jahren Erfahrung beruhende Erkenntnis, dass wir die Verwaltung unseres Lebens nicht Königen, Priestern, Politikern und Generälen anvertrauen können.« Es waren diese seelenlosen Herrschaften, die ihn einmal zu dem Stoßgebet GOTT SPRENGE AMERIKA! verleitet haben.

Sein wahres Lebensmotto aber liest sich so: »Mögen unsere Wege auch unbequem sein, mögen sie einsam und gefährlich sein, am Ende bescheren sie uns einen atemberaubenden Ausblick.«

Edward Abbey. Was Napoleon über Goethe gesagt hat, lässt sich auch auf diesen Mann anwenden: »Voilà un homme!«

Werke, eine Auswahl

- 1956: The Brave Cowboy.
- 1962: Fire on the Mountain
- 1971: Black Sun.
- 1975: The Monkey Wrench Gang, Deutsche Ausgabe: Die Universal-Schraubenschlüsselbande ...
- 1968: Desert Solitaire: A Season in the Wilderness
- 1973: Cactus Country
- 1982: Down the River (with Henry Thoreau & Other Friends)
- 1984: In Praise of Mountain Lions
- 1984: Beyond the Wall
- 1988: One Life at a Time, Please
- 1989: A Voice Crying in the Wilderness: Notes from a Secret Journal
- 1994: Confessions of a Barbarian: Selections from the Journals of Edward Abbey

George Carlin (1937–2008)
Für den Frieden zu töten, ist wie für die Keuschheit zu vögeln

»Wenn du versuchst zu schei-
tern und trotzdem erfolgreich
bist – was ist da schief gelau-
fen?« Gute Frage, jedenfalls für
die »Truth Machine«, die Wahr-
heitsmaschine, wie George Carlin genannt wurde. Der 2008
verstorbene ehemalige Radar-
techniker war einer der erfolg-
reichsten Comedians Amerikas.
Und das, obwohl er seinem
Publikum nichts ersparte. »Ich

bin meinetwegen hier«, pflegte er zu sagen, »und Sie sind meinetwegen hier. Niemand ist ihretwegen gekommen.« Dann zuckte er
mit den Schultern und verabreichte den Leuten noch schnell ein
verbales Sedativum: »In jedem Zyniker steckt ein enttäuschter Ide-
alist.«

Seine Verehrer attestierten ihm einen Humor, der es durchaus
mit dem von Mark Twain aufnehmen konnte. »Seit ich Sie gesehen
habe, fühle ich mich weniger alleine«, schrieb ein Fan an den Co-
median. Das ging vielen Menschen so. George Carlin war der Mann
mit dem riesigen Quirl, der in seinen umjubelten Liveauftritten
den faulenden, brackigen gesellschaftlichen Bodensatz aufwirbel-
te. Da war endlich jemand, der die im US-Fernsehen gezüchtete
Lachkultur durchbrach und auf den Kopf stellte, der mit Aussagen
und die Ecke kam, die für all jene, die im Kanon der Dummheit
nicht mitsingen mochten, Balsam waren. »Bei unserer Geburt«,
sagte er beispielsweise, »wird uns ein Ticket für eine Freakshow
ausgehändigt. Besonders privilegiert sind die Menschen, die in
Amerika geboren werden. Sie dürfen in der ersten Reihe sitzen.«

Carlin wurde Anfang der Sechzigerjahre durch seine häufigen Auftritte in der Ed-Sullivan-Show landesweit bekannt. 1973 sorgte er mit einem Radiobeitrag über die »sieben schmutzigen Wörter« (Filthy Words), die man auf keinen Fall im Fernsehen sagen sollte, für Entrüstung. Der Oberste Gerichtshof der USA verbot die weitere Ausstrahlung, »da die Gefahr bestehe, dass Kinder und Jugendliche zuhören könnten«.

Politische Korrektheit war für George Carlin nichts als eine verlogene Strategie der Realitätsvermeidung. Dass sie funktioniert, erklärte er folgendermaßen: »Es besteht kein Zweifel, dass die Hälfte der Menschheit dumm ist. Und nun stellen Sie sich vor, dass die andere Hälfte noch viel dümmer ist. Es gibt genug Bullshit, um die Dinge in diesem Land zusammenzuhalten. Bullshit ist der Klebstoff, der uns als Nation eint.« Als Beweis verwies er gerne auf die Essgewohnheiten seiner Landsleute: »Wir Amerikaner essen alles. Wenn Waschbären-Arschlöcher am Spieß im Angebot wären, wir würden sie essen. Alles in unserem Land ist Kingsize, Extra Large und Super-Jumbo, besonders die Menschen. Habt ihr sie gesehen, die big, fat, dumb motherfuckers walking around? Die sind von Beruf Verbraucher, das ist ihr Lebenssinn.«

George Carlin ersparte seinem Publikum nichts, schon gar nicht die Wahrheit. Aber er verstand es, dass sich seine Empörung lustig anhörte. »Das Comedian-Handwerk ist Kunst«, sagte er 1996 in einem Gespräch mit Charlie Rose, »und als Künstler habe ich mich irgendwann entschieden, jede Hoffnung in unsere Spezies aufzugeben. Ebenso in die amerikanische Kultur, den amerikanischen Traum oder die amerikanische Nation. Das gab mir die Freiheit, sehr gelassen auf die Gesellschaft zu schauen, mit ihr zu spielen und sie fast amüsiert zur Kenntnis zu nehmen.«

Es war diese distanzierte Sicht auf den Allerweltswahnsinn, dieses ironische Staunen, das laute phonetische Kopfschütteln, welches seinen Sätzen zugrunde lag, die den Menschen das Gefühl gaben, ja, so sehe ich das eigentlich auch. Carlin machte sich mit seinem Publikum gemein, deshalb fühlte es sich auch nie getroffen, wenn es um die big, fat, dumb motherfuckers ging. Die Menschen genossen es, wenn er die Finanz- und Politgangster für sie ohrfeigte. Diese Herrschaften, so betonte er immer wieder, wollen uns, den dumb motherfuckers, tatsächlich einreden, dass wir frei sind und eine Wahl haben.

»Bullshit«, hielt er dagegen, »wir haben keine Wahl, wir haben Besitzer. Sie besitzen uns. Sie besitzen alles in diesem Land, inklusive der großen Medienhäuser, sodass sie die Informationen steuern können, die unser Weltbild prägen. Sie haben uns bei den Eiern. Sie geben jährlich Milliarden von Dollar für Lobbyarbeit aus, um das zu kriegen, was sie wollen. Sie wollen mehr für sich selbst und weniger für uns. Sie sind nicht interessiert an gebildeten, gut ausgebildeten Menschen, das hilft ihnen nicht. Sie wollen gehorsame Diener, die gerade schlau genug sind, die Maschinen zu bedienen und den Papierkram zu erledigen. Sie wollen euer Erspartes und sie wollen es ihren kriminellen Freunden in der Wall Street in den Rachen schmeißen. Es ist ein großer Club, mit dem wir es da zu tun haben. Und ihr seid als Mitglieder nicht erwünscht. Ihr und ich, wir müssen draußen bleiben. Sie erzählen uns, was wir glauben sollen, was wir denken sollen und was wir kaufen sollen. Und niemand scheint sich daran zu stören. Warum, um Gottes Willen? They don't give a fuck about us, nicht im mindesten!«

»It's a big club, and we are not in it!« Besser kann man das ausufernde Raubrittersystem der Mächtigen aus Wirtschaft und Politik nicht beschreiben. Die deutschen Kabarettisten Volker Pispers und Georg Schramm hatten den Trick der US-amerikanischen »Truth Machine« George Carlin übernommen, und der lautete: Sag einfach die Wahrheit. Sie ist so unglaublich und so absurd, dass sie automatisch genügend Lacher abwirft.

Pispers und Schramm haben sich daran erschöpft, sie schweigen seit einigen Jahren. George Carlin hat bis zu seinem Tod weiter gemacht. Das konnte er tun, weil er auf der Bühne immer wieder Seelenballast abwarf – weil er sich dem Publikum abseits der scharfen Polemik als das gezeigt hat, was er in Wirklichkeit war: ein aufrichtiger, liebevoller Mensch. Die Witze, die er in seine brillanten Shows einstreute, waren allesamt Brüller: »Hier ist alles, was Sie über Männer und Frauen wissen müssen: Frauen sind verrückt, Männer sind dumm. Und der Hauptgrund, warum Frauen verrückt sind, ist, dass Männer dumm sind.« Oder den hier: »Für den Frieden zu töten ist wie für die Keuschheit zu vögeln.«

Die folgenden Worte sagen vielleicht am meisten über den wunderbaren Menschen George Carlin aus: »Findet Zeit, euch zu lieben, findet Zeit, miteinander zu sprechen, findet Zeit, alles, was ihr zu sagen habt, miteinander zu teilen – denn das Leben wird nicht gemessen an der Anzahl der Atemzüge, sondern an der Anzahl der Augenblicke, die uns den Atem rauben.«

Das von einem Mann, der Menschenansammlungen nach eigenen Aussagen hasste wie die Pest, Individuen aber liebte. »In den Augen jeder einzelnen Person kann man das ganze Universum entdecken, wenn man genau hinsieht. Dann habe ich das Gefühl, dieser großen, wunderbaren Familie wirklich anzugehören.«

Theodor Neubauer (1890–1945)
Der immer wi(e)der stand

Das scharfkantige Gesicht mit dem Blick, der weit über dich hinaus reicht, in dem Feuer und Eis sich für ewig verbündet haben, wirkt wie in Holz geschnitzt, besser noch: wie in Stein gemeißelt. Theodor Neubauers Porträt steht für Leid und Stolz gleichermaßen. Das Leid, das diesem Mann widerfahren ist, ist nicht nachzuvollziehen, es bleibt eine Aufzeichnung, die jeden überfordern muss, der sich dort hineinfühlen möchte.

Neubauer war ein überzeugter Kommunist. 1921 wurde er in den thüringischen Landtag gewählt, den er immer wieder mit feurigen Reden aufmischte. Hier ein Auszug aus einer seiner Brandreden:

»Jeder, der in der Schule gewesen ist, jeder, der auf der Schulbank in Deutschland gesessen hat, weiß, wie systematisch Stunde für Stunde, Woche für Woche, Jahr für Jahr die Köpfe unserer Schuljugend vergiftet worden sind. Und wie hat man uns in den Krieg hinein gelogen! Diejenigen, die wie ich auf der Universität gewesen sind, wissen, dass der Chauvinismus auf der Universität ein Riesennetz von Verhetzung um uns gestrickt hatte. Und jetzt, da der Krieg zusammengebrochen ist, ist die Verlogenheit vielleicht noch größer als vorher.«

Im März 1933, als es dunkel geworden war in Deutschland, ging Theodor Neubauer in den Untergrund. Vier Monate später wurde er verhaftet und nach schweren Misshandlungen im Zuchthaus Brandenburg in das KZ Lichtenburg gebracht. Anfang 1934 kam er von dort in das KZ Esterwegen. Unter den Gefangenen befanden sich der Friedensnobelpreisträger Carl von Ossietzky, der SPD-Fraktionsvorsitzende Ernst Heilmann und der Reichstagsabgeordnete Julius Leber. Sie alle waren den täglichen Misshandlungen junger SS-Schnösel ausgesetzt, die ihre Gefangenen in aller Frühe zum Torfstechen ins Moor jagten und sie zwölf Stunden später mit Schlägen wieder im Lager empfingen. Die Wachmannschaften hatten sich im Umgang mit den Häftlingen ihre eigenen Gesetze geschaffen und so waren Folter und Tötungen an der Tagesordnung. In Gegenwart der geschundenen Kreaturen führten die Wachmannschaften ein formidables Doppelleben, sie ließen sich von den Häftlingen sogar ein Schwimmbad sowie eine Bühne für Musikveranstaltungen bauen.

Die nächste Station auf Theodor Neubauers Leidensweg war das Gefängnis Berlin-Plötzensee, in das er im Oktober 1934 wegen Passvergehens und Urkundenfälschung eingewiesen wurde. Von dort karrte man ihn ins Columbiahaus, einem KZ am nördlichen Rand des Tempelhofer Feldes. Im August 1937 begann eine zweijährige Leidenszeit im KZ Buchenwald.

Rekapitulieren wir noch einmal, was dem Mann in den zwölf Jahren unterm Hakenkreuz widerfahren ist: Zuchthaus Brandenburg, KZ Lichtenburg, KZ Esterwegen, Gefängnis Berlin-Plötzensee, KZ Buchenwald. Genug, um eine ganze Armee von starken Charakteren zu brechen. Theodor Neubauer aber blieb ungebrochen. 1939, nach seiner Entlassung aus Buchenwald, zog er nach Thüringen, wo er zusammen mit Magnus Poser ein kommunistisches Widerstandsnetz aufbaute, die Neubauer-Poser-Gruppe, die es sich zum Ziel gesetzt hatte, sämtliche Hitlergegner in Deutschland zu vereinen. Seine Dienstreisen als Automonteur und Lagerhalter nutzte Neubauer für seine illegale politische Arbeit. Im Herbst 1943 nahm er Kontakt zu anderen kommunistischen Gruppen auf, was nicht unentdeckt blieb und im Juli 1944 zu einer erneuten Verhaftung führte.

Ein halbes Jahr später, am 8. Januar 1945, verurteilte ihn der Volksgerichtshof wegen »Vorbereitung zum Hochverrat und Feindbegünstigung« zum Tode. Vier Wochen darauf, am 5. Februar, zerrte man Theodor Neubauer im Zuchthaus Brandenburg-Görden auf den Richtblock und ließ das Fallbeil auf ihn nieder.

In einem letzten Brief an seine Familie heißt es:

> Liebste Frau! Geliebte Tochter! Liebe Anna! Euch alle drei grüße ich jetzt zum letzten Mal. Ich sterbe mit festem Herzen – selbstverständlich. In inniger Liebe
> Euer Theo

Die Aura des Theodor Neubauers leuchtet noch immer, während die seiner Peiniger längst im Schmutz der Zeit versunken sind.

Ehrungen

In der DDR wurde Theodor Neubauer als antifaschistischer Widerstandskämpfer geehrt. Es wurden Straßen und Schulen nach ihm benannt und Denkmäler für ihn errichtet. Nach 1990 wurden diese Ehrungen in einigen Orten zurückgenommen.

1959 wurde als staatliche Auszeichnung die Dr.-Theodor-Neubauer-Medaille gestiftet, mit der Verdienste beim Aufbau des sozialistischen Bildungs- und Erziehungswesens der DDR gewürdigt wurden. 1969 wurde zudem die Pädagogische Hochschule Erfurt/Mühlhausen nach Neubauer benannt.

Seit 1992 erinnert in Berlin in der Nähe des Reichstags eine der sechsundneunzig Gedenktafeln für von den Nationalsozialisten ermordete Reichstagsabgeordnete an Neubauer.

Im Ehrenmal für die im Zuchthaus Brandenburg-Görden hingerichteten antifaschistischen Widerstandskämpfer in Brandenburg an der Havel ist Theodor Neubauer als einer von vier Hingerichteten herausragend erwähnt.

Katharine Teresa Gun (*1974)
Für Kriegstreiber ist die Wahrheit immer ein Verstoß

Es gibt Situationen im Leben, da ist man plötzlich wieder ganz bei sich. In solchen Situationen nimmt einem eine wohlvertraute Instanz Entscheidungen ab. Diese Instanz ist unser Gewissen, dem wir nun bedingungslos vertrauen, egal, in welche Schwierigkeiten wir dadurch geraten. Genau das ist Katharine Teresa Gun passiert, als sie dem verlogenen Politiker-Pack um George W. Bush und Tony Blair im Vorfeld des Irak-Krieges zufällig auf die Schliche kam. Dafür wurde sie mit dem Sam Adams Award ausgezeichnet.

Der Sam Adams Award ist eine jährlich vergebene Auszeichnung, die nach dem Whistleblower Samuel A. Adams benannt ist. Der 1988 verstorbene Adams war ein Analyst des US-amerikanischen Nachrichtendienstes CIA, der während des Vietnamkrieges eine Verschwörung im Hauptquartier der US-Truppen aufgedeckt hatte. Dort wurde die Truppenstärke des Vietcong und der vietnamesischen Volksarmee bewusst niedrig angesetzt, um die Öffentlichkeit zu täuschen.

Auf Katharine Teresa Gun wurde die breite Öffentlichkeit erst 2019 durch den Film »Official Secrets« aufmerksam. Katharine ist eine ehemalige Übersetzerin im Dienst des britischen Government

Communications Headquarters (GCHQ*). Im Jahr 2003 trat sie mit streng geheimen Unterlagen vor die Presse. Die Dokumente, die vom britischen *Observer* veröffentlicht wurden, beweisen, dass der US-Geheimdienst NSA mittels illegaler Abhöraktionen Informationen sammelte, um sechs stimmberechtigte Mitglieder der Vereinten Nationen zu erpressen, damit diese in einer zweiten Resolution dem Angriffskrieg der USA gegen den Irak zustimmen. Diese »Swing-States« im UN-Sicherheitsrat waren Angola, Bulgarien, Kamerun, Chile, Guinea und Pakistan.

Nach der Veröffentlichung im *Observer* setzte der englische Geheimdienst in einer groß angelegten Recherche alles daran, den Whistleblower ausfindig zu machen. Sämtliche Mitarbeiter des GCHQ wurden ins Verhör genommen und längere Zeit ausspioniert. Katherine Gun hielt das nur schwer aus, sie fühlte sich für die Schikanen verantwortlich. Schließlich gestand sie ihrem Vorgesetzten, dass sie es war, die die abgefangene Information hatte durchsickern lassen. Sie wurde verhaftet und acht Monate später wegen Verstoßes gegen den Official Secrets Act** angeklagt.

In diesen acht Monaten wurde ihr Leben zur Hölle. Der Official Secret Act schloss jede Verteidigungsmöglichkeit aus. Natürlich durfte sie mit ihrem Anwalt sprechen, nur nicht über das, weswegen sie angeklagt war. Sie verlor ihren Job, und ihr Mann, ein Moslem, der noch auf seine Aufenthaltsgenehmigung wartete, drohte abgeschoben zu werden.

Als es am 25. Februar 2004 endlich zur Gerichtsverhandlung kam, blieben ihr nur zwei Möglichkeiten. Sie konnte sich entweder schuldig bekennen und auf eine milde Strafe hoffen, oder sie erklärte sich für nicht schuldig und riskierte, für Jahre ins Gefängnis zu gehen. Sie erklärte sich für nicht schuldig.

Das Gerichtsverfahren wurde für alle überraschend nach einer

---

* Das Government Communications Headquarter (GCHQ) ist eine britische Regierungsbehörde (Nachrichtendienst und Sicherheitsdienst), die sich mit Kryptografie, Verfahren zur Datenübertragung und der Fernmeldeaufklärung befasst. Die wesentliche Aufgabe der GCHQ ist die Sicherung der elektronischen Kommunikation und der Computersysteme des Vereinigten Königreichs.
** Der Official Secrets Act 1989 ist ein Gesetz des Parlaments des Vereinigten Königreichs. Abschnitt 1(1) begründet den Straftatbestand der Weitergabe von Informationen, Dokumenten oder anderen Gegenständen, die mit der Sicherheit oder den Nachrichtendiensten zusammenhängen.

halbstündigen Verhandlung eingestellt. Die Anklagebehörde gab an, dass sie über keinerlei Beweismaterial gegen Katharine Teresa Gun verfügte, die daraufhin freigesprochen wurde. Sehr dubios. Sehr rätselhaft.

Im Mai 2019, also fünfzehn Jahre später, erklärte der *Guardian*, der Fall sei deshalb fallen gelassen worden, weil die Staatsanwaltschaft befürchtete, dass Beweise auftauchen könnten, die belegten, dass sogar die Anwälte der britischen Regierung die Invasion für rechtswidrig hielten.

Vor Gericht sagte Gun: »Ich bin im 21. Jahrhundert nur verblüfft, dass wir als Menschen immer noch Bomben aufeinander werfen, um Probleme zu lösen.« Auf die Frage, ob sie ihr »Vergehen« bereue, sagte sie: »Nein, das tue ich nicht. Ich würde so etwas immer wieder machen.«

Zwischen dem Überfall auf den Irak 2003 und dem Abzug der Kampftruppen der sogenannten »Allianz der Willigen« unter Führung der USA im Jahre 2011 sind nach Schätzungen zwischen hunderttausend und einer Million Iraker ums Leben gekommen. 4.486 GIs und 179 britische Soldaten sind in dem Krieg gefallen. Über die Zahlen der verwundeten, verkrüppelten und verstrahlten Menschen kann man auf beiden Seiten nur spekulieren.

Die Preisträger des Sam Adams Award

- 2002 Coleen Rowley
- 2003: Katharine Gun
- 2004: Sibel Edmonds
- 2005: Craig Murray
- 2006: Samuel Provance
- 2007: Andrew Wilkie
- 2008: Frank Grevil
- 2009: Lawrence Wilkerson
- 2010: Wikileaks & Julian Assange
- 2011: Thomas Andrews Drake & Jesselyn Radack
- 2012: Thomas Fingar
- 2013: Edward Snowden
- 2014: Chelsea Manning
- 2015: William Binney

- 2016: John Kiriakou
- 2017: Seymour Hersh
- 2018: Karen Kwiatkowski
- 2019: Jeffrey Alexander Sterling
- 2020: Annie Machon
- 2021: Daniel Everette Hale

Paul Grüninger (1891–1972)
Ein Mann ohne Grenzen

»Als Führer und Kanzler der Deutschen Nation und des Reiches melde ich vor der Geschichte nunmehr den Eintritt meiner Heimat in das Deutsche Reich!«

Es war der 15. März 1938, als Hitler diese Worte vom Balkon der Neuen Hofburg triumphierend ins Mikrofon schnarrte. Zweihundertfünfzigtausend Menschen konnten sich auf dem Wiener Heldenplatz vor Begeisterung kaum auf den Beinen halten. Ganz Österreich befand sich im Taumel. Bis auf die, die befürchten mussten, dass sie sich sehr bald im Gestapo-Spinnennetz verfangen würden, das in Windeseile über die Alpenrepublik ausgebreitet wurde.

Die Stunde der Willfährigen war angebrochen, der gesinnungslosen braven Bürger, die das Denunziantentum zur Pflichtaufgabe erheben. Die Geheime Staatspolizei brauchte nur noch abzuschöpfen, was ihr aus dem Volk zugetragen wurde. Juden, Gewerkschaftler, Sinti und Roma, Behinderte – kurz alle, die der »Volksgesundheit« schadeten, mussten befürchten, von den Ledermänteln abgeholt und verschleppt zu werden.

Der 15. März 1938 markierte den Beginn einer Flüchtlingswelle, die an das Bemühen einer Fliege erinnert, die sich bei dem Versuch, ins Freie zu gelangen, an der Fensterscheibe ein ums andere Mal den Kopf stößt. Für die von den Nazis zum Freiwild erklärten Menschen war die nahe Schweiz dieses Fenster. Allerdings hatte die Schweiz ihre Grenze für »Reisende« ohne ordnungsgemäße

Einreisepapiere dichtgemacht. Im Oktober 1938 ließ sich das Land von Nazi-Deutschland sogar diktieren, in deutsche Pässe, die an Juden ausgestellt waren, das berüchtigte »J« zu stempeln.

Als die Zahl derer, die versuchten illegal in die Schweiz zu kommen, rasant zunahm, stand ein Schweizer Grenzbeamter vor einem gewaltigen moralischen Dilemma. Sein Name: Paul Grüninger. Er war Kommandant der Schweizer Grenzpolizei in der Region St. Gallen, die an Österreich grenzt. Sollte er die Flüchtlinge in ein Land zurückschicken, in dem der gewalttätige Antisemitismus offizielle Staatspolitik war, oder sollte er das Risiko auf sich nehmen, das mit der Verletzung von Regierungsanweisungen nun einmal verbunden ist?

Grüninger entschloss sich, die offiziellen Anweisungen außer Acht zu lassen und den verzweifelten Flüchtlingen zu helfen. Er fälschte deren Registrierung, sodass sie laut ihren Pässen die Schweiz schon betreten hatten, bevor es zu den Einreisebeschränkungen gekommen war. Er machte falsche Angaben bezüglich der Flüchtlingszahlen und behinderte Bemühungen, jenen Menschen auf die Spur zu kommen, von denen man wusste, dass sie auf illegalem Wege in die Schweiz eingereist waren. Er spendierte mit eigenem Geld Winterkleider für bedürftige Flüchtlinge, die ihren Besitz hatten zurücklassen müssen.

Die Deutschen hatten schon länger den Verdacht, dass im Grenzgebiet von St. Gallen nicht alles mit rechten Dingen zuging. Sie setzten die Schweizer Behörden davon in Kenntnis, die Kommandant Grüninger daraufhin aus dem Polizeidienst entließen. Bei der Gelegenheit wurden ihm sämtliche Leistungsansprüche entzogen. Kurz darauf wurde Paul Grüninger wegen »illegaler Genehmigung der Einreise von 3600 Juden und Fälschung ihrer Meldepapiere« vor Gericht gestellt.

Sein Prozess zog sich über zwei Jahre hin. Im März 1941 befand ihn das Gericht für schuldig, seine Amtspflicht verletzt zu haben. Er verlor seine Altersversorgung, wurde mit einer Geldstrafe belegt und musste die Kosten des Gerichtsverfahrens übernehmen. Das Gericht erkannte seine altruistische Motivation, war aber der Ansicht, er hätte dennoch den Vorschriften folgen müssen.

Paul Grüningers Kommentar: »Wer wie ich Gelegenheit hatte, die herzzerbrechenden Szenen, das Zusammenbrechen der Betroffenen, das Jammern und Schreien von Müttern und Kindern, die Selbstmorddrohungen anzuhören sowie Selbstmordversuche anzusehen, der konnte schließlich nicht mehr mittun. Es ging darum, Menschen zu retten, die vom Tod bedroht waren. Wie hätte ich mich unter diesen Umständen um bürokratische Erwägungen und Berechnungen kümmern können?«

Im Dezember 1970 schickte die Schweizer Regierung ein reserviertes Entschuldigungsschreiben an Grüninger, sah aber davon ab, den Fall wieder aufzunehmen und sein Pensionsrecht zurückzuerstatten. Nach seinem Tod wurden Schritte zu seiner Rehabilitierung unternommen. Der erste Versuch wurde vom Bundesrat abgelehnt, und erst 1995 hob die Schweizer Regierung das Urteil gegen Grüninger endgültig auf.

1971, ein Jahr vor seinem Tod, verlieh die staatliche israelische »Gedenkstätte des Holocausts und des Heldenmuts«, Yad Vashem, Paul Grüninger den Titel »Gerechter unter den Völkern«.

Literatur

- Stefan Keller: *Grüningers Fall. Geschichten von Flucht und Hilfe.* Rotpunktverlag, Zürich 1993
- Jörg Krummenacher: *Flüchtiges Glück. Die Flüchtlinge im Grenzkanton St. Gallen zur Zeit des Nationalsozialismus.* Limmat, Zürich 2005
- Wulff Bickenbach: *Gerechtigkeit für Paul Grüninger. Verurteilung und Rehabilitierung eines Schweizer Fluchthelfers (1938–1998).* Böhlau, Köln 2009

Filme

- *Akte Grüninger.* Doku-Drama, Schweiz und Österreich, 2014
- *Grüningers Erbe.* Dokumentarfilm, Schweiz, 2014
- *Grüningers Fall.* Dokumentarfilm, Schweiz, 1997

Geseko von Lüpke (*1958)
Wir müssen aus dem Mitgefühl heraus eine neue Politik erschaffen

Es steht geschrieben, man muss es nur lesen können. In der »Gebrauchsanleitung« meiner »Maeva«-Trilogie (einer Art Vorwort) heißt es über die Protagonistin: »Maevas Ideen für eine lebenswerte Zukunft berühren Millionen Menschen rund um den Globus. Doch je mehr sich ihre »Politik des Herzens« wie ein positives Virus verbreitet, desto stärker gerät sie ins

Visier der Mächtigen. In ihrem Kampf gegen gierige Konzerne, Atomkraft und Gentechnik wandelt sie sich von einer sanften Mahnerin zu einer kämpferischen Jeanne d'Arc der Ökologie.«

Kurz darauf macht mich ein Freund auf ein Buch aufmerksam, das ich unbedingt lesen sollte. Titel: »Politik des Herzens – Gespräche mit den Weisen unserer Zeit«. In seinem Vorwort, auch als Danksagung deklariert, schreibt der Autor Geseko von Lüpke: »Dieses Buch gleicht einer Schatztruhe, in der über Jahre wertvolle Worte abgelegt wurden. Eine solche Schatzkiste zu öffnen und den Inhalt zu verteilen, heißt nicht, sich selbst ärmer, sondern die Welt reicher zu machen.«

Damals arbeitete ich an dem Buch »Die vierte Macht – Spitzenjournalisten zu ihrer Verantwortung in Krisenzeiten«, in dem ich Gespräche mit fünfundzwanzig prominenten Medienarbeitern geführt habe. Für einen war noch Platz. Und dann kam mir dieser Mann in die Quere. Geseko von Lübke hat wie ich die Deutsche Journalistenschule in München besucht, war für Rundfunkanstalten, Tageszeitungen und Magazine tätig, wie ich auch. Und er hat dieses wunderbare Buch geschrieben, mit neununddreißig Interviews von solcher Intensität und Klarheit, dass ich es noch immer griffbereit halte. Zu seinen Gesprächspartnern gehörten unter anderem der Quantenphysiker Hans-Peter Dürr, der Biologe Robert Sheldrake, der Physiker Fritjof Capra, die Ökologin Joanna Macy, die Globalisierungskritikerin Naomi Klein, die Aktivistin Vandana Shiva, der Theologe Eugen Drewermann und viele andere. »Ohne diese Begegnungen«, gesteht Geseko von Lüpke, »wäre ich nicht, was ich heute bin.«

Ich traf ihn bei ihm zu Hause, in Fürstenfeldbruck. Er wusste um das Thema. »Die Idee vom neutralen Journalismus ist eine Selbstlüge«, bemerkte er. »Objektiv? Was soll das sein? Es gibt immer mehrere Wahrheiten. Statt eine verlogene Objektivität vorzugaukeln, halte ich eine engagierte Meinung, die auf guter Recherche beruht, für viel gesünder.«

Geseko von Lüpke hat Politikwissenschaften studiert und ist immer noch überrascht, wie gering das Interesse der meisten seiner Kommilitonen an fundierten Analysen war. »Diese Jungs sitzen heute größtenteils in verantwortlichen Positionen unserer Gesellschaft.« Womit das Dilemma unserer augenblicklichen Diskussionskultur hinreichend beschrieben ist. »Irgendwann«, so Geseko von Lüpke, »habe ich mich gefragt, welche Mechanismen Leute wohl dazu bringen, nicht mehr zuzuhören. Über diesen Weg bin ich auf das Thema Verdrängung und Verzweiflung gestoßen.«

Dabei ist ihm die US-amerikanische Systemtheoretikerin und Begründerin der Tiefenökologie, Joanna Macy begegnet, die durch ihre Ermutigungsarbeit versucht hat, die Mauern der Verdrängung aufzubrechen. »Joanna Macy sagt, dass wir uns nicht der Panik übergeben sollen durch ein Übermaß an rationaler Verarbeitung. Wir müssen wieder Gefühle integrieren und aus dem Mitgefühl heraus eine neue Politik erschaffen. Diese Perspektive hat bei mir viel verändert.«

Ein weiteres Erweckungserlebnis hat Geseko von Lüpke dem philippinischen Soziologen und Umweltaktivisten Nicanor Perlas zu verdanken, der ihm am Beispiel einer biologischen Transformation aus dem Tierreich die Augen geöffnet hat für den Umwandlungsprozess, der nun auch von der globalen Zivilgesellschaft Besitz ergriffen hat. »Was passiert in einem Raupenkörper, wenn er sich verpuppt? Da tauchen in diesem verpuppten Körper Zellen auf, die die Wissenschaft Imagozellen nennt. Sie imaginieren ihre Zukunft als Schmetterling. Natürlich wehrt sich das Immunsystem der Raupe gegen diese Eindringlinge. Aber da sie sich in zunehmender Desintegration befindet, hat es die zweite Generation der Imagozellen schon leichter. Die Eindringlinge wissen jetzt, wie man die Immunzellen der Raupe so infiziert, dass sie selber Imagozellen hervorbringt. Irgendwann schließen sich die bislang isolieren Imagozellen zu Clustern zusammen und werden zu ›Inseln der Zukunft‹. Es ist nur noch eine Frage der Zeit, bis aus ihnen ein Schmetterling erwächst, der eine völlig andere Realität vorfindet und dem andere Ebenen des Ausdrucks zur Verfügung stehen.«

Geseko von Lüpke taxiert mich mit einem milden, aber prüfenden Blick. Guck nicht so, denke ich, ich bin doch dankbar für die schönen Aussichten. Dafür, dass es tatsächlich einen Umwandlungsprozess zu geben scheint, der uns aus dem bedrückenden Dilemma befreien kann, das die stumpfgewordenen Seelen an den Hebeln der Macht angerichtet haben. »Wir müssen denen eine Stimme geben«, höre ich meinen Gesprächspartner sagen, »die im medialen Mainstream keine haben. Es geht darum, Stellung zu beziehen, und nicht darum, den Versuch zu unternehmen, in einer Welt, die sich irgendwo zwischen mörderisch und selbstmörderisch bewegt, den Zustand des kollektiven Suizids emotionslos zu beschreiben.«

Verantwortung in Krisenzeiten. Geseko von Lüpke brachte es auf den Punkt.

Bücher

- Sylvia Koch-Weser/Geseko von Lüpke: *Vision Quest. Visionssuche. Allein in der Wildnis auf dem Weg zu sich selbst*, 2000, 2003, 2006, 2012, 2018, Ariston Verlag
- Geseko von Lüpke: *Die Alternative. Wege und Weltbilder des Alternativen Nobelpreises. Visionäre, Pfadfinder, Pioniere*, 2003, W. Bertelsmann Verlag/Verlag Riemann
- Geseko von Lüpke: *Politik des Herzens. Nachhaltige Konzepte für das 21. Jahrhundert. Gespräche mit den Weisen unserer Zeit*, Arun-Verlag, 2003, 2006, 2012, 2014, 2019

- Peter Erlenwein/Geseko von Lüpke: *Projekte der Hoffnung. Ausblicke auf eine andere Globalisierung,* 2006, 2007, 2010 Oekom-Verlag
- Geseko von Lüpke: *Altes Wissen für eine neue Zeit. Gespräche mit Heilern und Schamanen des 21. Jahrhunderts,* 2008, 2012, 2014, 2017, 2020, Kösel-Verlag
- Geseko von Lüpke: *Zukunft entsteht aus Krise. Antworten von den Pioniere der globalen Zivilbewegung,* 2009, Verlag Riemann

Winter
Die Macht der Ohnmacht

Kaum einer kennt ihre Namen. Die Polizei vielleicht, schließlich hat sie die beiden Aktivistinnen, die sich Winter und Jazzy nennen, über eine Hebebühne aus ihrem Baumhaus gezerrt und wieder auf den Boden der Tatsachen gesetzt. Wie hießen die beiden wirklich? Man weiß es nicht, sie gaben ihre Identität nicht preis, weder bei der Verhaftung noch vor Gericht. Die Polizei führt sie unter UP 51 und UP 64 (für unbekannte Person).

Es geschah im September 2018. Winter und ihre Freundin Jazzy hatten sich während der gewaltsamen Räumungsaktion im Hambacher Forst in zwanzig Meter Höhe aneinandergekettet, was ihnen den Vorwurf des passiven Widerstandes einbrachte. Das Strafgesetzbuch droht mit Paragraf 113 Absatz 2, dem besonders schweren Fall von Widerstand – nämlich bei Gemeinschaftlichkeit. Das hätte bis zu fünf Jahre Haft bedeuten können. Hat es nicht, weil ein Dürener Amtsrichter den beiden lautere Motive unterstellte und sie lediglich zu vierzig Tagessätzen zu je zehn Euro verurteilte.

Hintergrund der Geschichte: Der Stromkonzern RWE will den Hambacher Forst abholzen, um Braunkohle zu fördern. Der Wald ist zwölftausend Jahre alt, in ihm tummelt sich eine enorme Artenvielfalt, die es zu bewahren gilt. Noch ist der Forst zwischen Köln und Aachen fünfhundert Hektar groß. Mit dem Braunkohle-Tagebau wurde 1978 begonnen. Seitdem entsteht zwischen Bergheim und Jülich laut dem Bund für Naturschutz (BUND) das »größte Loch Europas«. Auf einer Fläche von fünfundachtzig Quadratkilometern dringen die Bagger in Tiefen von über vierhundert Metern vor. Bis Ende 2017 wurden fünftausendneunhundertvierzig Hektar Landschaft zerstört. Und trotz eines erwirkten Rodungsstopps und dem geplanten Auslaufen der Braunkohlegewinnung im Jahr 2029 geht die Landschaftszerstörung ungehindert weiter.

Ungehindert? Oh nein, seit 2012 haben Umweltschützer den Wald besetzt. Bis zu siebzig Baumhäuser wurden errichtet. Am 14. Oktober 2018 schickte die Landesregierung dann Tausende schwer bewaffnete, geharnischte Polizisten in Marsch, um den Wald zu räumen. Die Aktion war erfolgreich, die meisten der Baumhäuser konnten zerstört und die Aktivisten verhaftet werden. Alles gut, funktioniert doch, mögen sich die verantwortlichen Wirtschafts- und Politgangster gesagt haben.

Womit sie garantiert nicht gerechnet haben, war die enorme emotionale Wucht, die ein Video ausgelöst hat, in dem die zutiefst aufgewühlte Aktivistin Winter inmitten betreten dreinschauender Polizisten ein herzerweichendes Statement aus Wut und Trauer abgibt, das innerhalb weniger Tage allein auf Facebook über zwei Millionen Mal aufgerufen wurde. Plötzlich stand die ganze Bagage, die uns zu Bewohnern eines anderen Planeten machen möchte, nackt da. Bitte schaut euch das Video an: www.youtube.com/watch?v=uYfW2LogrAs.

In einem offenen Brief aus der Untersuchungshaft legte Winter noch einmal nach. Beim Schreiben stockt einem ja nicht die Stimme, man sieht die Tränen nicht und die Botschaft kommt unmissverständlich durch. Ich werde den Brief ungekürzt stehen lassen, denn wer ihn zu lesen versteht, wird ohnehin bei ihr sein und sich vielleicht daran erinnern, worum es im Leben wirklich geht. Winter schreibt:

Ihr sperrt uns ein und bestraft uns, weil wir selbstständig denken und handeln, selbst entscheiden, was richtig ist und was nicht. Dabei ist es doch das, was uns als Menschen ausmacht: Ethik, Autonomie, Selbstbestimmung, Empathievermögen, zukunftsgerichtetes Denken, unsere Einheit aus Körper, Seele und Geist. Aus all diesen Eigenschaften entsteht auch eine besondere Verantwortung und ihr wollt, dass ich diese Verantwortung wegstoßen soll und rücksichtslos und egoistisch handle? Ihr wollt, dass ich meine Augen und Ohren verschließe? Eine Hülle, ein Roboter werde, der nur Befehle ausführt, gehorcht?

Das kann ich nicht.

Wie könnt ihr verlangen, dass ich mein Menschsein verleugne oder dem Profitdenken eines einzelnen Konzerns oder einiger machtgieriger Politiker unterordne? Wie könnt ihr von mir verlangen, so zu tun, als ob das morgen egal wäre, wo doch alles in unserem System auf die Zukunft aufbaut? Was sind denn Versicherungen, Testamente, Patientenverfügungen, Rente oder Gesundheitsvorsorge?

Wir sind Menschen und wir wissen, was »Zukunft« ist. Wie also könnt ihr von mir verlangen, an der Zerstörung unserer Lebensgrundlage und der unserer Kinder mitzuwirken, meine eigene Zukunft kaputt zu machen?

Ich habe es nicht immer gewusst, aber wir brauchen den Wald so sehr. In küstenfernen Regionen gibt es ohne Wald zu wenig Regen, ohne Regen gibt es keine Landwirtschaft, ohne Landwirtschaft zu wenig zu essen. Wir können keine Braunkohle essen oder trinken.

Ihr wollt das nicht wahrhaben, für euch sind es nur Bäume. Ihr werdet es erst verstehen, wenn es so weit ist.

Ihr sagt mir, ihr findet es an sich gut, was ich mache, aber es sind die falschen Mittel, es wäre zu extrem.

Hmm. Wie extrem ist denn diese Räumung?

Als ich vom Wald weggefahren wurde, konnte ich die riesige Schlange an Polizeiautos, Maschinen, Räumpanzern etc. noch einmal sehen. Und ich wusste, es ist nur ein Bruchteil dessen, was sich noch im Wald befindet.

Ich musste fast lachen, weil es so lächerlich war. Weil ich wusste, wir gewinnen, egal, wie es endet, denn ihr habt nicht mal etwas, um das ihr kämpft.

Ihr nennt uns extrem, weil wir anders, weil wir konsequent sind, weil wir verteidigen, woran wir glauben. Weil wir davon nicht ablassen können, sonst würden wir uns selbst verraten. Wir saßen im Loch, konnten uns kaum bewegen. Konnten uns kaum umdrehen, konnten uns nur ansehen und Mut zusprechen, trösten. Ihr kamt von mehreren Seiten, habt das Dach über unseren Köpfen aufgeschlitzt, habt die Wand hinter uns weggehauen. Ihr habt unser Leben zerrissen.

Und dann werft ihr uns Gewalt vor?

Manchmal habe ich mich morgens bedankt. Für eine wunderbare erholsame Nacht, für ein Aufwachen am richtigen Ort, für dieses riesige Geborgenheits- und Zufriedenheitsgefühl. Ich wusste nie, rede ich mit dem Baumhaus oder dem Baum? Es war ein Wesen. Ein Wesen, das bereitwillig etwas von uns Geschaffenes getragen hat, mit dem wir zusammengelebt haben, geträumt haben.

Wir hatten solche Angst um die Bäume, als es nicht regnete. Wir dachten, irgendwann fallen sie einfach um, haben keine Kraft mehr. Sie wurden gelb, aber sie sind so stark.

Sie mussten schon so viel durchmachen, es ist Unrecht Grundwasser abzupumpen, es ist so ein Riesenunrecht!

Ihr habt gelacht, als wir euch panisch angeschrien haben, dass ihr das Leben unserer Freundin auf dem Skypod gefährdet. Wir haben geschrien und geschrien und ihr habt das eine Seil gekappt. Nur die Reibung hat es gehalten. Wer begeht hier Verbrechen?

Wir machen euch Angst, weil wir nicht in eure Schemata passen, weil das, was uns antreibt, nicht Macht oder Geld sind, sondern die Liebe zum Leben selbst, der wilde Drang nach Freiheit und die Wut auf jene, die uns das alles nehmen wollen.

Wenn ich euch meine Identität verrate, komme ich hier raus. Also werden viele von euch denken, ich bin selbst schuld, dass ich hier sitze.

Aber meine Identität ist nicht das, was auf einem Stück Papier steht. Meine Identität ist das, was mich als Menschen ausmacht, mein Wesen, meine Seele, alles, was ich in diesem Wald gelernt habe, alles was mir die Menschen dort gezeigt haben. Das, was ich irgendwie verlieren würde, wenn ich euch meine Personalien sagte. Mich auf diese Wörter reduzierte.

Ich will das ungerechte und ungerechtfertigte Privileg eines deutschen Passes nicht nutzen. Ich will solidarisch sein mit denen, die aus Repressionsgründen ihre Personalien nicht angeben können.

Ich bin ein Mensch und ich kämpfe für den Erhalt dieser Erde. Alles andere ist unwichtig. – Winter.

Die Liebe, so schrieb Albert Einstein seiner Tochter einmal, ist eine Energie, die man physikalisch messen kann, mit der man arbeiten könnte: »Wenn wir wollen, dass unsere Art überleben soll, wenn wir einen Sinn im Leben finden wollen, wenn wir die Welt und alle fühlenden Wesen, die sie bewohnen, retten wollen, ist die Liebe die einzige und die letzte Antwort. Vielleicht sind wir noch nicht bereit, eine Bombe der Liebe zu bauen, ein Artefakt, das mächtig genug ist, den gesamten Hass, die Selbstsucht und die Gier, die den Planeten plagen, zu zerstören. Allerdings trägt jeder Einzelne in sich einen kleinen, aber leistungsstarken Generator der Liebe, deren Energie darauf wartet, befreit zu werden.«

Sam Childers (*1962)
Der Prediger mit dem Maschinengewehr

Einmal Engel, immer Engel. Als solcher hat Sam Childers die ganze Spannbreite seiner Flügel benutzt, um auf der dunklen wie auf der hellen Seite des Lebens zu wirken. Er war mit fünfzehn Jahren heroinabhängig und völlig außer Kontrolle. Er war fast zwanzig Jahre als Hells Angel unterwegs. Er jobbte in der Rockersubkultur als »Shot-gunner«, als eine Art Leibwächter für Drogendealer. Eines Tages geriet er in eine Schlägerei, bei der einige Leute erschossen, andere abgestochen wurden. Sam Childers nicht.

Ihn diesem Moment begriff er, dass sein Leben trotz aller tollwütigen Stärke, mit der er sich in dieser Gesellschaft seinen Weg bahnte, lächerlich und unerfüllt war. »Ich kam nach Hause und sagte zu meiner Frau: ›Schatz, wir ziehen um.‹ Und wir zogen um, über tausend Meilen weit weg.«

1992 gab Sam seiner Frau Lynn nach und trat in die Kirche ein. Childers hatte Gott schon immer für real gehalten, wie er sagt, glaubte jedoch, ihn bei der Gestaltung seines Lebens nicht zu brauchen. Er verließ den Dunstkreis seiner Rockerfreunde und machte sich als Bauhandwerker selbstständig. 1998 hörte er von einem sudanesischen Hilfsprojekt für den Bau von Schulen. Klang interessant. Also machte er sich auf den Weg.

Was Sam Childers dort sah, riss ihm das Herz heraus. Er wurde Zeuge, wie marodierende Soldaten in die Dörfer drangen und den Eltern ihre Kinder entrissen, um sie bewaffnet in den Bürgerkrieg zu schicken. Er sah, wie ein kleiner Junge von einer Tretmine in Stücke gerissen wurde. »Ich konnte das nicht verstehen. Wie können in einem Dorf so viele tote Körper liegen und wir hören nichts davon? Als ich über dem Körper dieses Kindes stand, habe ich gesagt, Gott, ich werde alles tun, um diesen Menschen zu helfen. Alles.« Das tut er seitdem. Er nimmt eine Waffe in die Hand und rettet Kinder.

Da die Kirchengemeinde keinen Finger für die Kinder rührte, begriff er sich fortan als »freiberuflicher Prediger«, der es sich zur Aufgabe gemacht hat, als Beschützer und Kämpfer in das grausame Geschehen vor Ort einzugreifen. Zusammen mit Lynn gründete er die *Angels of East Africa* (Engel von Ostafrika). Die Organisation unterhält ein Kinderdorf im Südsudan und kümmert sich um die Bildung und Erziehung der Waisen. Bis heute rettete die Organisation über tausend Kinder aus den Kriegs- und Konfliktgebieten. Bei den Mitarbeitern handelt es sich überwiegend selbst um Waisen und Witwen. Es ist die einzige Organisation im Sudan, die bewaffnete Hilfsmissionen direkt in das Gebiet der *Lord's Resistance Army* (LRA) schickt, einer paramilitärischen Truppe, die im Grenzgebiet zwischen der Demokratischen Republik Kongo und dem Südsudan für die Errichtung eines Gottesstaates kämpft, was inzwischen an die hunderttausend Tote gefordert hat.

Sam Childers hat kein Problem damit, gegen die LRA Gewalt anzuwenden. Wer diese Einstellung kritisiert, bekommt folgende Standardantwort: »Wenn ein Kind aus der Familie gerissen und entführt wird, wenn ich daraufhin verspreche, es zurückzubringen, spielt es dann eine Rolle, wie ich das mache?«

In dem Dokumentarfilm »Machine Gun Preacher« sieht man, wie Sam Childers einem älteren Jungen befiehlt, wieder von dem Pick-up-Truck zu steigen, mit dem die Dorfkinder gerettet werden sollen. Es war einfach nicht genügend Platz auf der Ladefläche. Für den Jungen bedeutete das vermutlich sein Todesurteil. »Manchmal muss man harte Entscheidungen treffen«, sagte Childers in einem Interview mit dem christlichen Medienunternehmen ERF. »Am liebsten hätte ich jedes der Kinder gerettet. Aber das konnten wir einfach nicht. Das Wichtigste ist, sich mit dem Guten zufriedenzugeben, das man täglich tut. Man darf sich bei seinen Entscheidungen nicht darauf konzentrieren, was man nicht tun kann. Man muss auf das Machbare schauen. Ich glaube, man muss hoffen und beten, jeden Tag die richtige Entscheidung zu treffen. Du kannst sie nicht alle retten! Das Böse ist zu mächtig.«

Tatenlos zuzusehen ist für ihn aber keine Option. Natürlich wollte der Interviewer wissen, ob er sich schuldig fühlt, wenn bei seinen bewaffneten Einsätzen zur Befreiung der Kinder jemand zu Tode kommt. »Ich habe noch nie mit einem Nachrichtenreporter über diese Form von Gewalt gesprochen«, antwortete er. »Ich werde heute nicht damit anfangen. Seien wir ehrlich. Jesus selbst war doch überaus umstritten. Man muss sich nur mal anschauen, was über ihn alles gesagt wurde. Deswegen ist es bei einem überzeugten Christen nicht anders. Wenn Jesus gehasst wurde und man auf ihm herumgehackt hat, warum sollte es mir da anders gehen?«

Der »Prediger mit der Maschinenpistole«, als der Sam Childers in den Medien gehandelt wird, ist mit sich im Reinen. »Nehmen Sie mein Leben. Ich war vor vielen Jahren ein sehr unangenehmer Zeitgenosse. Heute fragt mich jeder, was ich den Menschen mit meiner Radikalität beweisen möchte. Ich möchte, dass man an meinem Leben erkennen kann, dass auch böse Menschen Gutes tun können. Ihr guten Menschen da draußen solltet noch viel mehr gute Dinge tun.«

www.bibeltv.de/mediathek/videos/320719-sam-childers-der-prediger-mit-dem-maschinengewehr

Chico Mendes (1944–1988)
Wenn das Umweltschutz ist, dann ist das auch in Ordnung

Eigentlich ein Klassiker der jüngeren Menschheitsgeschichte: Kämpferischer Gewerkschafter wird von verbrecherischer Gegenseite erschossen. Chico Mendes war Teil dieses unendlichen Dramas, das mit nüchternen Worten Eingang in unsere Archive gefunden hat: »Er war Führer der Landarbeitergewerkschaft und setzte sich als Kautschukzapfer im brasilianischen Bundesstaat Acre für die Rechte der von Landwegnahme bedrohten Arbeiter ein, bis er für sein Engagement von Großgrundbesitzern ermordet wurde.«

22. Dezember 1988. Chico Mendes will sich hinter seinem Haus unter die behelfsmäßige Dusche stellen, als ihn zwei Kugeln in die Brust treffen. Er ist sofort tot.

Es war eingetreten, was nach all den Morddrohungen, die er in schöner Regelmäßigkeit von Fazendeiros (Viehfarmern), Großgrundbesitzern, Holzfirmen und dem Militär erhielt, zu erwarten war. Chico Mendes musste weg, darin waren sich alle einig, die von der Vernichtung des Regenwaldes prächtig profitierten. Er stiftete einfach zu viel Unruhe.

Die Militärdiktatoren, die Brasilien von 1964 bis 1985 drangsalierten, wollten Amazonien mit Großprojekten entwickeln. Immer mehr Holzhändler drangen in den Regenwald vor, auf der Jagd nach Edelhölzern. Ihnen auf den Fersen die Viehzüchter, die auf dem gerodeten Gelände Zeburinder grasen ließen. Die ansässigen Gummizapfer (Seringueiros) wurden vertrieben.

Es war Chico Mendes, der diese unterdrückten Menschen 1977 in einer Gewerkschaft vereinte, die sich den zerstörerischen Interessen von Viehzüchtern und Holzindustrie entgegenstellte und für die Erhaltung der Wälder eintrat. Er schaffte es sogar, die lange verfeindeten Seringueiros und Indios zusammenzubringen. In einem gemeinsam verfassten »Manifest der Völker des Waldes« heißt es: »Wir verpflichten uns, den gewaltigen und doch zerbrechlichen Lebenskreislauf, den unsere Wälder, Seen, Flüsse und Quellen bilden, zu schützen und zu erhalten – denn er ist die Quelle unserer Reichtümer, die Grundlage unserer Lebensformen und kulturellen Traditionen.«

In großen Gruppen stellten sich die Familien der Indios und Kautschukzapfer den Holzfällern nun entgegen. »Was die Großgrundbesitzer in den 70er-Jahren gerodet haben«, so Chico Mendes, »schafften die Gummisammler nicht einmal in hundert Jahren. Denn die Seringueiros wissen, wie man die Erde bearbeitet.«

Chico war es zu verdanken, dass die traditionell lebenden Familien der Kautschuksammler, die Extractivistas, damit begannen, selbstverwaltete Schutzgebiete zu beantragen. Nach seiner Ermordung, die international für Aufsehen gesorgt hatte, begann die brasilianische Regierung, die Einrichtung solcher Naturschutzreservate (Reserva Extravista) zu unterstützen.

Der größte Aufschrei der Mendes-Gegner erfolgte, als Chico nach Washington reiste, wo er die Interamerikanische Entwicklungsbank davon überzeugte, keine Kredite mehr für Rodungsprojekte in Amazonien zu bewilligen. Fortan galt er als jemand, der den »Fortschritt des Landes« behinderte.

Chico Mendes verband Umweltschutz und soziale Bewegungen miteinander, ohne es geplant zu haben. »Ich habe gar nicht gewusst«, soll er gesagt haben, »dass das Umweltschutz ist, was ich tue. Mir ist es um den Kampf und die Rechte der Kautschukzapfer gegangen, und wenn das dann Umweltschutz ist, dann ist das auch in Ordnung.«

Zu seiner Beerdigung waren zehntausend Seringueiros und Kleinbauern in seinem Heimatdorf erschienen. Die Predigt hielt Bischof Moacyr Grechi. Seine mutige Anklage gegen die Verbrechen der Großgrundbesitzer und die Tatenlosigkeit von Polizei und Behörden wurde in ganz Brasilien übertragen. Das Haus von Chico Mendes in Xapuri ist inzwischen in die Liste der nationalen Kulturdenkmäler aufgenommen worden.

»Zunächst dachte ich, ich würde mich für die Rettung der Kautschukbäume einsetzen. Dann kämpfte ich für die Rettung des Regenwaldes. Bis ich schließlich feststellte, dass ich mich für die ganze Menschheit engagiere.« – *Chico Mendes*

Filme

- Adrian Cowell: The Killing of Chico Mendes
- Rubber Jungle – The Story of Chico Mendes and the Rubber Tappers of Brasil
- Voice of the Amazon.

Literatur

- Andrew C. Revkin: *The Burning Season – The Murder of Chico Mendes and the Fight for the Amazon Rain Forest*. (dt. *Chico Mendes – Tod im Regenwald*, Paul List Verlag, 1990)

Margrit Kennedy (1939–2013)
Auf Kriegsfuß mit dem Zinssystem

»Geld erleichtert den Austausch von Gütern und Dienstleistungen und ist damit eine der genialsten Erfindungen der Menschheit. Dennoch verstehen die wenigsten Menschen, wie es funktioniert. Verständen sie es, so hätten wir morgen ein anderes System und damit mehr soziale Gerechtigkeit, bessere Chancen für eine gesunde Umwelt und eine größere Währungsstabilität. Es lohnt sich also, sich mit meinen Vorschlägen zu beschäftigen.« – *Professor Margrit Kennedy*

Ich erinnere mich gut an diese Frau, die ich 2011 auf dem Geldkongress in Berlin kennenlernen durfte. Am Ende der zweitägigen Veranstaltung sollte eine Podiumsdiskussion stattfinden, zu der sämtliche Referenten des Kongresses gebeten worden waren, unter ihnen der Wirtschaftsanalytiker und Publizist Helmut Creutz sowie die bekannte Geldkritikerin Margrit Kennedy, die Zins und Zinseszins als die »unsichtbare Zerstörungsmaschine« der Realwirtschaft ausgemacht hat, weil sie ein kaum zu kontrollierendes exponentielles Wachstum provoziert, das unabdingbar in die Katastrophe führt.

Kurz vor der Diskussion teilte mir der aufgeregte Veranstalter mit, dass ihnen der Moderator abhandengekommen war und ob ich nicht, bitte, bitte einspringen könnte. Unmöglich, ich hatte nicht die geringste Ahnung von der Materie! Musst du nicht, wurde mir entgegnet, sorge einfach dafür, dass die Redebeiträge gerecht verteilt werden. Schluck. Ich sah mich in dem mit fünfhundert Menschen besetzten Saal um, die gebannt der Dinge harrten, die da kommen sollten. Und ich sah die sechs Koryphäen der alternativen Geldwirtschaft nacheinander aufs Podium steigen. Am Ende war nur noch ein Platz in ihrer Mitte frei. Ich spürte einen Schubs im Rücken und machte mich wie ferngesteuert auf den Weg. Links neben mir saß Professor Margrit Kennedy, Architektin, Ökologin und energische Kämpferin gegen den Wachstumszwang.

»Ich habe nicht den blassesten Schimmer, um was es hier geht«, flüsterte ich ihr zu, während das Gemurmel im Publikum langsam erstarb.

Sie nahm meine Hand und meinte: »Keine Angst, ich führe Sie. Ich lege Ihnen sozusagen die Fragen in den Mund.«

Das tat sie dann auch. So war es mir ein Leichtes, nach ihren jeweiligen Ausführungen den Faden aufzunehmen. Niemandem fiel es auf, im Saal nicht und auch nicht am Tisch. Auf diese Weise half sie mir, meine eklatanten Wissenslücken perfekt zu verbergen. Am Ende dankte man mir sogar für die souveräne Gesprächsführung.

Margrit Kennedy und ich blieben in Verbindung. Sie lud mich sogar zu sich nach Hause ein, in das niedersächsische Ökodorf »Lebensgarten Steyerberg«, wo sie mit ihrem Mann, dem irischen Architekten Declan Kennedy, lebte. Leider ist es nie zu diesem Besuch gekommen, was ich immer noch sehr bedaure. Aber ich habe mich in den Wochen nach dem Geldkongress intensiv mit dieser Frau beschäftigt.

Mehr als fünfzehn Jahre lang erforschte sie die Wirkungsweisen alternativer Geldsysteme. In ihrem Berliner Vortrag zeigte sie die zerstörerischen Wirkungen unseres Geldsystems auf. Als Ergänzung zum Zinssystem schlug sie Komplementär- und Regionalwährungen vor, die langfristig Arbeitsplätze sichern würden. Eine Komplementärwährung ist die Vereinbarung innerhalb einer Gemeinschaft, etwas zusätzlich neben dem offiziellen Geld als Tauschmittel zu akzeptieren. Ihr Buch »Geld ohne Zinsen und Inflation« wurde in zweiundzwanzig Sprachen übersetzt.

Margrit Kennedy bezeichnete sich gern als Propagandistin sozialer Sicherheit. Sie nannte sich auch eine Architektin für Ökologie. Architektur hat sie wirklich studiert und als Architektin hat sie in Deutschland auch gearbeitet. Danach ging sie nach Afrika, wo sie als Stadtplanerin in Nigeria tätig war. In gleicher Funktion wirkte sie später in Schottland und den USA. Von 1979 bis 1984 leitete sie den Forschungsbereich Ökologie/Energie und Frauen-projekte im Rahmen der Internationalen Bauausstellung in Berlin. In den folgenden Jahren hatte sie eine Gastprofessur für Stadt-ökologie an der Gesamthochschule Kassel inne.

Im Nachruf der »Stiftung für Reform der Geld- und Bodenord-nung« auf Margrit Kennedy heißt es: »Auf einer Tagung von An-hängern der Geldreform-Gedanken, wurde ein Vortrag von Helmut Creutz für sie zum Schlüsselerlebnis. In diesem Vortrag klärte sich für sie, was ihr zuvor bei ihren Tätigkeiten als Architektin und Stadtplanerin im In- und Ausland rätselhaft geblieben war: näm-lich die Frage, weshalb sich soziale und ökologische Projekte allzu häufig ›nicht rechneten‹. Die Antwort von Helmut Creutz, dass solche Projekte nicht die vom Kapital geforderte Rendite ›abwer-fen‹, überzeugte sie ebenso wie dessen These, dass das Wachstum von Geldvermögen durch Zinsen und Zinseszinsen und das damit zusammenhängende Wachstum der Realwirtschaft an natürliche Grenzen stoßen müssen.«

Aus dem Vortrag von Helmut Creutz ergab sich für Margrit und Declan Kennedy eine Situation, in der sie sich entscheiden muss-ten: Sollten sie ihre ohnehin schon ökologisch motivierten Tätig-keiten fortsetzen oder sollten sie versuchen, sich der herkömmli-chen Wachstumswirtschaft noch stärker zu entziehen? Sie ent-schieden sich schnell. 1985 zog das Paar in die Nähe von Nien-burg/Weser, um dort mit anderen Menschen das Ökodorf »Lebens-garten Steyerberg« aufzubauen und in größerem Umfang die Landbaumethode der Permakultur zu praktizieren.

Der »Lebensgarten Steyerberg« ist Realität geworden. Ich neh-me es mir heute noch übel, der Einladung einer so wunderbaren, warmherzigen Frau nicht gefolgt zu sein. Es fühlt sich an, wie ein Loch in meiner Biografie.

Werke

- *Die Lifestyle-Falle*, Rhombos-Verlag, 2007
- *Frauen leisten die wichtigste Arbeit. Vier Aufsätze über die Situa-tion der Frauen in der Wirtschaft* (mit Helmut Creutz und Hans Weitkamp), Gauke, Kiel 1996

- *Handbuch ökologischer Siedlungs(um)bau* (hrsg. mit Declan Kennedy), Reimer, Berlin 1998
- *Geld ohne Zinsen und Inflation. Ein Tauschmittel, das jedem dient*, Goldmann, München 2005. In 22 Sprachen übersetzt.
- *Regionalwährungen. Neue Wege zu nachhaltigem Wohlstand* (mit Bernard A. Lietaer), Riemann, München 2006

Douglas Tompkins (1943–2015)
Kristine Tompkins (*1950)
Das Königspaar von Patagonien

Stellen Sie sich vor, Sie hätten ein Modeimperium geschaffen, das bei jüngeren Leuten einen Ruf wie Donnerhall hat und gigantische Gewinne abwirft. In über vierzig Ländern gehen die Produkte wie geschnitten Brot über den Tresen. Und plötzlich lassen Sie Schilder in den Filialen aufstellen und auf denen steht: »KAUFE DAS PRODUKT NICHT, WENN DU ES NICHT BRAUCHST!« Der Satz findet

sich sogar auf den Preisschildern von T-Shirts, Jeans, Schuhen, Schmuckstücken, Socken und allem anderen trendigen Kram Ihres Labels. Wie würden Sie Ihren Geisteszustand beschreiben? Durchgedreht? Ausgeflippt? Realitätsfern?

Douglas Tompkins, Gründer und Chef von *The North Face* und *Esprit*, sah sich bei seiner Entscheidung, den Kunden diesen Denkanstoß zu geben, zwar im Widerspruch zu den Gesetzen des Turbokapitalismus, aber als realitätsfern verstand er sich nicht. Ganz im Gegenteil. Ende der Achtziger erkannte er die Schizophrenie seines Tuns. Er habe begriffen, »dass wir Produkte machten, die niemand brauchte – und dass wir somit zur Umweltkrise beitrugen«, erklärte er den Gesinnungswandel.

1966 gründete er mit seiner damaligen Frau Susie *The North Face*. Die Marke für Freizeit- und Abenteuerkleidung wurde bald zum Kult für die wachsende Zahl der Outdoor-Begeisterten. 1968 brachte er die Modemarke *Esprit* auf den Weg. Die ersten Kleidungsstücke verkaufte er in Kalifornien aus einem alten VW-Bus heraus. 1968 veräußerte Tompkins seinen Anteil an *The North Face* und konzentrierte sich auf das Drehen von Natur- und Abenteuerfilmen. Nach einer Fahrt mit dem VW-Bus von Los Angeles nach Patagonien entstand der Film »Mountains of Storms« über die gefährliche Besteigung des »Cerro Fitz Roy«.

Nach der Scheidung von seiner Frau Susie im Jahr 1989 verkaufte Tompkins auch seine Anteile an *Esprit* und ließ sich im Jahr darauf in Chile nieder. Gemeinsam mit seiner zweiten Frau Kristine kaufte er Farmland im Chacabuco-Tal. Sie veräußerten die fünfundzwanzigtausend Schafe und dreitausendachthundert Rinder, ließen Zäune einreißen und das überweidete Tal renaturieren. Statt der Schafe und Rinder sieht man dort heute vor allem Guanakos grasen, eine wild lebende Kamelart. Auch seltene Südandenhirsche kommen wieder vermehrt im Chacabuco-Tal vor, straußenähnliche Nandus, Kleinfleckkatzen, Kondore, Flamingos und Pumas.

Weitere Landkäufe folgten. Über mehrere Stiftungen hatten die Tompkins im Lauf von fünfzehn Jahren etwa zwei Millionen Hektar früheres Weideland und Wälder aufgekauft, um sie zu renaturieren und als Naturschutzgebiete und Nationalparks den Ländern Chile und Argentinien zur Verfügung zu stellen.

Die Einkaufstouren waren nicht unumstritten. Regionalpolitiker warfen ihnen vor, eine Art Öko-Sekte zu führen und die wirtschaftliche Entwicklung der Region zu behindern. Mit ihrem Kampf gegen den Bau von Staudämmen in Patagonien und gegen den Betrieb von Lachsfarmen schufen sich die Tompkins ebenfalls keine Freunde. Man unterstellte ihnen, sie würden das Land nur kaufen, um sich natürliche Ressourcen anzueignen, etwa die Wasserressourcen des argentinischen Sumpfgebiets Iberá an der Grenze zu Brasilien.

»Wenn man mit politischem Druck nicht umgehen kann, soll man besser die Finger vom Naturschutz lassen«, kommentierte Tompkins den ihm entgegengebrachten Widerstand.

Irgendwann legte sich die Skepsis. Durch Landspenden hatte das umtriebige Paar immer wieder bewiesen, dass es ihnen tatsächlich um den Schutz der Natur ging. Auch die erfolgreiche Kampagne gegen das Staudammprojekt Hidroaisén, das unberührte Flüsse in Patagonien zerstört hätte, unterstützten die Tompkins tatkräftig.

Doug und Kristine Tompkins haben mit dem Geld aus dem *Esprit*-Verkauf eine Fläche so groß wie die Schweiz vor weiterer Ausbeutung bewahrt. Ihre Aktivitäten kannten keine Grenzen. Bei der Schaffung der Schutzgebiete legten sie stets selbst mit Hand an. Ihr Lebensmotto lautete: »Wir müssen der Natur etwas von dem zurückgeben, was sie uns schenkt. Zu viel ist noch zu tun. Sollte die Menschheit nicht bald umlenken, sitzen wir am Ende auf Sanddünen.« In einem seiner letzten Gespräche sagte Tompkins: »Ich höre immer stärker auf meine biologische Uhr und sage mir, dass ich mich beeilen muss, noch all das zu erreichen, was ich mir vorgenommen habe, ehe mich der Tod erwischt.«

Der Tod erwischte ihn am 8. Dezember 2015. Doug Tompkins starb an den Folgen einer Unterkühlung, die er erlitt, als sein Kajak auf dem Lago General Carrera kenterte.

Allen Spekulationen, was mit dem Land der Tompkins passieren würde, setzte seine Witwe kurz nach dem tragischen Unfall ein Ende. Bei einem Gespräch mit Präsidentin Michelle Bachelet bestätigte sie eine angekündigte Spende von rund vierhundertzehntausend Hektar Land an den chilenischen Staat. Unter den Ländereien befindet sich der südöstlich von Puerto Montt gelegene Pumalín-Park, der Patagonia-Park, siebenundzwanzigtausend Hektar in der Magallanes-Region und mehrere kleine Flächen. Bedingung für die großzügige Spende ist, dass der Staat mit dem Land neue Nationalparks schafft und für die Öffentlichkeit zugänglich macht.

Doug Tompkins ist auf einem kleinen Friedhof der ehemaligen Schaffarm im Chacabuco-Tal begraben worden. In einem seiner letzten Interviews mit dem amerikanischen Magazin *Outside* sagte er: »Ich weiß, dass nicht jeder meine Mittel hat, aber ich sage, das macht nichts, unternimm etwas nach deinen Möglichkeiten, du wirst es als lohnenswert und wertvoll empfinden und bezahlst damit die Miete für dein Leben auf diesem Planeten. Tu es einfach.«

Die von den Tompkins gegründete *Tompkins Conservation* hat zur Entstehung oder Expansion unter anderem folgender Nationalparks beigetragen:

- Pumalin Nationalpark in der chilenischen Región de los Lagos
- Corcovado-Nationalpark in der chilenischen Región de los Lagos

- Cerro Castillo Nationalpark in der chilenischen Región de Aysén
- Patagonia Nationalpark in der chilenischen Región de Aysén
- Iberá Nationalpark in der argentinischen Corrientes Provinz
- Monte Léon Nationalpark in der argentinischen Santa Cruz Provinz

Klaus Bosselmann (*1950)
Paragrafen für die Mitwelt

Die Sitzreihen im Audimax der Universität von Auckland waren wieder verwaist. Auf dem Podium wühlte Professor Klaus Bosselmann noch in den Unterlagen, aus denen er in der Stunde zuvor zitiert hatte. Eine Dame trat an ihn heran und stellte sich als Jacinda Ardern vor. Das hätte es nicht gebraucht, denn in Neuseeland kannte jeder diese Frau, die dem Land als Premierministerin diente.

Als sie sich im Januar 2023 nach sechs Jahren im Amt vor dem Parlament überraschend aus der Politik verabschiedete, bedauerten die Menschen das sehr. Jacinda Ardern war beim Volk äußerst beliebt. Und sie wusste die Menschen mitzunehmen, wie sie ein letztes Mal mit ihrer spektakulären Abschiedsrede bewies. In einen Maori-Federmantel gehüllt und mit Tränen in den Augen blickte sie auf die Höhepunkte, aber auch auf die schweren Momente in ihrer Zeit als Regierungschefin zurück und betonte ausdrücklich, dass auch sensible Führungskräfte Erfolg haben können.

Den Klimawandel erklärte sie bei der Gelegenheit zur größten Herausforderung unserer Zeit. »Noch vor fünfzehn Jahren redeten wir über den Klimawandel, als wäre er eine bloße Hypothese, aber in den vergangenen Jahren haben wir die Realität unserer sich verändernden Umwelt hautnah erlebt.« Jacinda Ardern appellierte eindringlich an die Abgeordneten, dem Thema absolute Priorität einzuräumen.

Diese Person stand nun vor Klaus Bosselmann, seit 1988 Professor für Umweltrecht und Internationales Völkerrecht an der Universität von Auckland. Sie zeigte sich von den Ausführungen des Deutschen tief beeindruckt, der mit Leidenschaft und juristischer Sachkenntnis der Natur wieder recht geben will, der für eine ökologische Rechtsordnung streitet, die unserer Mitwelt endlich einen Eigenwert zuerkennt. Es gibt auf der Erde neben dem Menschen Milliarden anderer Lebewesen, die alle mit eigenen Sinnen, einem eigenen Kommunikationssystem und einem eigenen Zeitempfinden ausgestattet sind. Die sich ebenso im Mittelpunkt der Welt wähnen, wie der Mensch auch, der in der Natur aber lediglich eine Ressource erkennt.

Klaus Bosselmann handelt und forscht im Namen der Natur. So heißt auch sein bemerkenswertes Buch, das den Untertitel »Der Weg zum ökologischen Rechtsstaat« trägt. »Unsere anthropozentrische Weltsicht reicht nicht aus, um ökologische Zusammenhänge wahrzunehmen und anders zu bewerten«, sagt er. »Wir dürfen Ökologie nicht länger nur als naturwissenschaftliche Kategorie sehen, sondern als eine Erfahrung, als eine Sinneserfahrung, die uns möglicherweise in die Lage versetzt, unsere politischen Instrumente zu verändern.« Dieser tiefenökologische Ansatz und die Formulierung einer zukünftigen Verfassung, welche ökologische Grundrechte festschreibt, haben Neuseelands Premierministerin und Klaus Bosselmann zusammengeführt. Der Kontakt zwischen den beiden ist auch nach dem Rücktritt der Premierministerin nicht abgebrochen.

Sie beide suchen nach Mitteln und Wegen, die neue Ethik, welche der Natur einen Eigenwert zumisst, in den Herzen und Köpfen der Menschen zu verankern, sodass sie gesellschaftspolitisch tragfähig wird. Eine Sisyphusarbeit, die alles andere als schnell zu bewältigen ist. »Die ökologische Krise ist schon weit fortgeschritten«, gesteht Bosselmann. »Man tut aber so, als ob unser bisheriges System es sich leisten könnte, vom neuen Menschen besetzt und dadurch ökologieverträglich zu werden. Die Umweltkrise hat eine lange Vorgeschichte. Staat, Recht und all diese Dinge sind Institutionen, die Teil der Krise sind. Wir haben es also mit einer Erziehungsmaßnahme, mit einem Lernprozess zu tun. Wichtig ist, dass wir damit beginnen und Ernst machen.«

Bisher reden wir ausschließlich von Beständen, wenn von der Natur die Rede ist. Wir machen in allem unsere Rechnung auf. Dieses Denken ist nicht dem Leben verpflichtet, sondern einer Haushaltsphilosophie. Die Botschaft Klaus Bosselmanns lautet daher: »Es gilt die Brille des alten Umweltschutzes, der ja ohnehin nur Menschenschutz bedeutet, abzunehmen und durch einen ganzheitlichen Blick auf unsere Mitwelt zu ersetzen.«

Ich mag solche Geisteskrieger, die sich ihre Traumfähigkeit trotz aller Umstände beharrlich erhalten.

Hans Paasche (1881–1920)
Ein toter Mann. Ein Reiner.
Wieder einer. Wieder einer

Kennt ihn jemand? Dachte ich mir, ich habe auch erst vor Kurzem von ihm erfahren. Hans Paasche war ein deutscher Marine- und Kolonialoffizier, der lange in Afrika gedient hatte. Er selbst bezeichnete sich als »Freund Afrikas«. Paasche trat für Frieden und soziale Gerechtigkeit, für Tier- und Naturschutz ein, er bekämpfte den Patriotismus, die Todesstrafe und den Alkoholismus und plädierte für eine Bodenreform, das Frauenstimmrecht und eine »natürliche Lebensweise«. Wegen seiner Kriegsgegnerschaft wurde Paasche 1917 inhaftiert. Sein Vater schützte ihn vor der Erschießung, indem er ihn in ein Nervensanatorium einweisen ließ. Bei seiner Einlieferung sagte er: »Ich heiße Paasche, war Seeoffizier und bin Revolutionär!«

Den folgenden Text schrieb Hans Paasche vor über hundert Jahren:

»Die weiße Rasse hat in unserer Zeit eine geistige Wandlung von unübersehbarer Wirkung begonnen: Ihre Stellung zur Natur, zu allem Lebenden wird eine andere. Das Leid der geschändeten Natur war niemals, seit die Erde besteht, so groß wie jetzt unter der nicht schonenden Macht des Welthandels, des Verkehrs, der Industrie. Maßlos sind die im Nehmen. Was irgend die Erde an lebender Schönheit und Pracht hervorbrachte, muss ihnen dienen. Solange noch eine Gazelle lebt, deren Fell auf dem Weltmarkt Wert hat, ein Wal im Eismeer, ein Paradiesvogel im Urbusch entlegener Inseln, solange ruht die geschäftige Betriebsamkeit nicht, gepaart mit menschenunwürdiger Gedankenlosigkeit und Kurzsicht. Aber nicht darin zeigt sich der Mensch als Herr der Natur, dass er die Erfindergabe, die ihm gegeben wurde, dazu benutzt, alles Leben zu vernichten, sondern er wird erst zum Herrn der Natur, wenn er ein gütiger Herr wird, der die Schöpfung tiefinnerlich versteht und mit jedem hilflosen Geschöpf mitempfindet. Das ist die neue Lehre.«

Am 21. Mai 1920 wurde Hans Paasche von rechtsgerichteten regierungsnahen Truppen der Freikorps auf seinem eigenen Grundstück beim Fischen vor den Augen seiner Kinder »auf der Flucht erschossen«. Er war bekleidet mit Badehose und Jacke und trug Sandalen. Kurt Tucholsky schrieb über ihn: »Wieder einer. Ein müder Mann, / der müde über die Deutschen sann. / Den preußischen Geist – er kannte ihn / aus dem Heer und aus den Kolonien, / aus der großen Zeit – er mochte nicht mehr. / Er hasste dieses höllische Heer. / Er liebte die Menschen. Er hasste Sergeanten. / ... Ein toter Mann. Ein Stiller. Ein Reiner. / Wieder einer. Wieder einer.«

Hans Paasche engagierte sich in der Lebensreformbewegung sowie im Bund Neues Vaterland gegen die deutsche Kriegs- und Kolonialpolitik. 1918 gehörte er für einige Wochen dem Vollzugsrat der Arbeiter- und Soldatenräte in Berlin an.

Die neue Lehre, von der Paasche sprach, hat auch nach hundert Jahren noch keine Chance, mehrheitsfähig zu werden ...

Bücher

Zu seinen Lebzeiten erschienen vier Bücher von Hans Paasche.
- Im Morgenlicht. Kriegs-, Jagd- und Reiseerlebnisse in Ostafrika. 1907
- Was ich als Abstinent in den afrikanischen Kolonien erlebte. 1911

- Das verlorene Afrika, Verlag Neues Vaterland, Berlin, 1919
- Meine Mitschuld am Weltkriege, Verlag Neues Vaterland, Berlin, 1919

Nach seinem Tod wurden drei weitere Werke herausgegeben:
- *Die Forschungsreise des Afrikaners Lukanga Mukara ins innerste Deutschland.* Hamburg, 1921
- *Ändert Euren Sinn. Schriften eines Revolutionärs.* Hrsg. Helmut Donat und Helga Paasche. Bremen, 1992
- *Das verlorene Afrika. Ansichten vom Lebensweg eines Kolonialoffiziers zum Pazifisten und Revolutionär.* Hrsg. P. Werner Lange unter Mitwirkung von Helga Paasche. Berlin, 2008

Eric Bihl (*1964)
Beharrlichkeit bringt Heil

1993 erschien mein Roman »GO! – Die Ökodiktatur«. GO! gehörte zu den am meisten rezensierten Büchern der Saison und sorgte für eine Menge Zündstoff. Ich wurde für die These, dass eine solche Diktatur wohl unausweichlich sei, wenn wir überleben wollen, regelrecht geschlachtet. So widmete der *Spiegel* einem damals völlig unbekannten Autor einen Verriss von drei Seiten, in dem er empfahl, mich mit meinem Machwerk in die gelbe

Tonne des Dualen Systems zu treten. Auch in den Talkshows ging man mit mir nicht pfleglich um.

Eric Bihl war damals neunundzwanzig Jahre alt, als er mich auf ProSieben entdeckte, wo ich in einem Gespräch mit Professor Rolf Kreibich, Physiker und ehemaliger Präsident der Freien Universität Berlin, die These vertrat, dass die Chance, der Zerstörung unserer Lebensgrundlagen noch Einhalt zu gebieten, längst vertan ist. Der Drops ist gelutscht, believe it or not.

Keine Woche später klingelte es an meiner Wohnungstür. Vor mir stand der besagte junge Mann und drängte auf ein Gespräch. Er war meinetwegen extra aus München angereist, also konnte ich es ihm schlecht abschlagen. Es war ein schöner Tag, die Sonne schien, wir tranken Tee auf dem Balkon und ich hörte meinem unerwarteten Gast zwei Stunden geduldig zu. Zwei Stunden, in denen ich mir anhören musste, dass noch gar nichts verloren sei. Er würde gerade Hunderte von Alternativen für alle Lebensbereiche zusammentragen: Nahrung, Mobilität, Behausung, Kleidung und Energie. Sie seien vorhanden und sofort anwendbar.

Rührend, dachte ich und vergaß ihn wieder. Einige Jahre später fand ich ein Buch in meiner Post. Der Titel so umständlich, wie ein Buchtitel nur umständlich sein kann: »Equilibrismus – Neue Konzepte statt Reformen für eine Welt im Gleichgewicht«. Mit einem Geleitwort von Sir Peter Ustinov. Aha. Und einem Vorwort von Daniel Goeudevert, der als VW-Vorsitzender den Umweltschutzgedanken in die Automobilindustrie eingebracht hatte. Nicht schlecht. Und wer waren die Autoren? Volker Freystedt (sagte mir nichts) und Eric Bihl! Der Junge vom Balkon! Er hatte sein Versprechen wahr gemacht und zusammen mit seinem Co-Autor ein fantastisches Werk vorgelegt, ein sozio-ökologisches Wirtschaftskonzept, das seinesgleichen suchte.

Sieben Jahre zuvor hatte Eric (von mir noch völlig unbemerkt) bereits den Verein Equilibrismus e. V. gegründet, dem er auch vorstand. Ein Blick auf die Website des Vereins (equilibrismus.org) lässt einen schnell erahnen, mit welcher Intensität und Sorgfalt Bihl sein Projekt vorantreibt. Allein die Namen der Persönlichkeiten, die dem Equilibrismus von Anfang an zum Erfolg verhelfen wollten, rauben einem den Atem. Unter den Unterstützern befanden sich so prominente Namen wie Lord Yehudi Menuhin (weltberühmter Musiker und im Vorstand des World Federalist Movement), Sir Peter Ustinov (Schauspieler und UNICEF-Sonderbotschafter), Thor Heyerdahl (Anthropologe und Umweltaktivist), Herbert Gruhl (Politiker und Autor), Dennis L. Meadows (»Die Grenzen des Wachstums«), Helmut Creutz (Geldreformer, Architekt und Schriftsteller), Daniel Goeudevert (Automanager und »Querdenker«), Jean Ziegler (UN-Sonderberichterstatter, »Recht auf Nahrung«, Globalisierungskritiker), Helmy Abouleish (ägyptische Entwicklungsinitiative).

Sir Peter war es schließlich, der vorschlug, ein breiteres Publikum zu suchen, da ein Sachbuch nur begrenzte Wirkung habe. Es sollte daraus zunächst ein Roman entstehen, danach ein Film und zum Schluss ein Modellversuch, der beweisen könnte, dass das von Bihl und Freystedt entwickelte Konzept tatsächlich alltagskompatibel ist.

Auf der Suche nach einem Autor fiel die Wahl auf mich. In den nächsten Jahren, genauer gesagt von 2006 bis 2015 entstand die überaus erfolgreiche »Maeva«-Trilogie, bestehend aus dem »Tahiti-Projekt« (Deutscher Science-Fiction-Preis 2009), »Maeva!« und »Feuer am Fuß«. Die Arbeit an den Büchern war nicht einfach, weil Eric mich mit Fakten regelrecht zuballerte, während ich doch darauf achten musste, die Gesetze der Literatur nicht zu missachten und die Bücher im Lesefluss zu halten. Ist gelungen, hat Spaß gemacht. Man könnte fast sagen, das uns mit der Trilogie ein Klassiker der Science-Fiction gelungen ist. Keine Dystopie, wie heute üblich, sondern ein positiver Gesellschaftsentwurf, der durch die Bücher sinnlich erfahrbar wird. In erster Linie ein Verdienst des unermüdlich kämpfenden Eric Bihl, ich war ja nur der Autor, der auf seinem »Mist« tätig werden durfte.

Eric ist ein außergewöhnlicher Mann, den ich seiner Beharrlichkeit wegen lieben gelernt habe. Ich habe noch nie einen Menschen erlebt, der trotz aller Negativinformationen, die auf uns einprasseln und die er ja nicht verdrängt, so unbeirrt an dem Glauben festhält, dass der Mensch hilfreich ist und gut ... und solidarisch ... und empathisch ... und fantasievoll ... und talentiert ... und willens. Seit Eric in mein Leben getreten ist, ist der Schatten auf meiner Seele verschwunden, komme, was wolle.

Als Eric fünfzig wurde, nahm ich mir das Recht, eine kleine Ansprache zu halten. Sie begann so:
»Am 19. Juni 1799 schrieb der fünfzigjährige Goethe an Schiller einen Brief, der mit den folgenden Sätzen begann: ›Mir wird, ich gestehe es gern, jeder Zeitverlust immer bedenklicher, denn ich gehe mit wunderlichen Projekten um. Aber die Verhältnisse nach außen machen unsere Existenz und rauben sie zugleich und doch muss man sehen, wie man so durchkommt; denn sich wie Wieland es getan hat, gänzlich zu isolieren, ist auch nicht ratsam.‹«
Das wird Eric nicht, das kann er gar nicht. Gut so, denn wir brauchen Menschen wie ihn.

Weblinks

- equilibrismus.org
- www.climate-fiction-festival.de/ericbihl.html

Buch

- Volker Freystedt/Eric Bihl: *Equilibrismus – Neue Konzepte statt Reformen für eine Welt im Gleichgewicht*, Signum Verlag, 2005

Nena (*1960)
»Ich mach da nicht mehr mit! – I don't fucking care!«

Es wird behauptet und rasch verbreitet, die Bundesregierung würde bald massive Einschränkungen des öffentlichen Lebens ankündigen. Das stimmt nicht. – *Bundesministerium für Gesundheit, 2020*

Die Behauptung, dass diejenigen, die sich nicht impfen lassen wollen, ihre Grundrechte verlieren, ist absurd und bösartig. Lassen Sie uns diesen Verschwörungstheorien gemeinsam entgegentreten. – *Michael Kretschmer, Ministerpräsident des Freistaates Sachsen, 2020*

Alle, die sich noch immer nicht impfen lassen möchten, müssen damit rechnen, dass man sie sehr genau beobachtet. – *Clemens Hoch, Gesundheitsminister Rheinland-Pfalz, 2021*

Ungeimpfte Pflegekräfte sind »Todesengel«. – *Juliana Bogner-Strauß, österreichische Bundesministerin für Frauen, Familien und Jugend, 2021*

Wir brauchen die kollektive Mega-Power, also: Maske auf und mit panischer Konsequenz da durch! Wenn die hirntoten Risikopiloten durch die Aerosole zischen, wird es ganz viele noch erwischen. – *Udo Lindenberg, Sänger, 2021*

Wir haben harte Kontaktbeschränkungen. Das läuft alles zunichte, wenn ich mich auf der Straße bewegen kann und mich da treffe oder aber noch schlimmer, auf dem Weg bin zu Privatfeiern. Wir wissen, wie schwierig es ist, in private Wohnungen zu gucken. Aber auf dem Weg dahin kann ich viele Menschen erwischen. Es ist eine Hürde für viele Menschen zu sagen: Wenn ich draußen jetzt noch rumlaufe und erwischt werde, muss ich 500 Euro zahlen, ich lass das lieber. – *Thomas Kutschaty, stellvertretender Bundesvorsitzender der SPD, 2021*

Impfgegner sind Bekloppte. – *Joachim Gauck, Ex-Bundespräsident, 2021*

Wer sich nicht impfen lässt, ist ein asozialer Trittbrettfahrer. – *Eckart Axel von Hirschhausen, Arzt, Fernsehmoderator, Kabarettist, 2021*

Kinder, die nicht geimpft sind, sollen von der Kita ausgeschlossen werden. Eltern, die ihre Kinder nicht impfen lassen, droht ein Bußgeld von bis zu 2500 Euro. So steht es im aktuellen Gesetzentwurf von Bundesgesundheitsminister Jens Spahn (CDU). – *WDR, 2021*

Wir müssen ein Zeichen an die Geimpften senden, dass jetzt mal diejenigen dran sind, die sich bisher geweigert haben. Nach Lage der Dinge geht das nur mit der Impfpflicht. – *»Gesundheitsexperte« bei Anne Will, 2021*

Die Ampel ergeht sich in Zaudereien. Eine Impfpflicht für bestimmte Berufe wäre dringend nötig. Besser wäre eine allgemeinr Impfpflicht. Das Argument der Ampel, eine allgemeine Impfpflicht wäre nicht durchsetzbar, ist ein verstörendes Argument. Der Wille der Mehrheit nicht durchsetzbar? Ausschlaggebend ist für die Politik

leider der Wille einer lauten, hartnäckigen Minderheit.
– *Achim Wendler, Bayerischer Rundfunk, 2022*

Ungeimpfte bis März geimpft, genesen oder leider verstorben. – *Heiner Lauterbach, Gesundheitsminister, 2022*

Ich möchte an dieser Stelle ausdrücklich um gesellschaftliche Nachteile für all jene ersuchen, die freiwillig auf eine Impfung verzichten. Möge die gesamte Republik mit dem Finger auf sie zeigen. – *Nikolaus Blohme, ehemaliges Mitglied der Chefredaktion des Spiegel, 2022*

Gruß an alle Ungeimpften. Dank euch droht der nächste harte Lockdown. Vielerorts ohne die Weihnachtsfeiertage im Familienkreis. Die angekündigten Maßnahmen in Sachsen und Bayern sind ein Schlag ins Gesicht derer, die in den vergangenen Monaten solidarisch waren, die sich haben impfen lassen. Alle Impfverweigerer müssen sich den Vorwurf gefallen lassen, an der derzeitigen Situation schuld zu sein. Und sie müssen sich fragen lassen, welche Schuld sie haben an den wohl Zausenden Opfern dieser Corona-Welle. – *Sarah Frühauf, Mitteldeutscher Rundfunk, 2022*

Meine Assoziation zur Impfpflicht ist: Diejenigen, die sich weigern, sich impfen zu lassen, bekommen Besuch von der Polizei, das Kind soll ihnen entzogen werden und wird in ein Gesundheitsamt gebracht und dort wird eine Pflichtimpfung durchgeführt. – *Rudolf Henke, CDU, Präsident der Ärztekammer Nordrhein-Westfalens, Mitglied des Deutschen Bundestags, 2022*

Deswegen braucht es jetzt Folgendes: eine Verschärfung der Kontaktbeschränkung der ungeimpften Erwachsenen. Zweitens wollen wir, dass der Handel endlich für Ungeimpfte geschlossen wird. – *Abgeordnete der Grünen im Bayerischen Landtag, 2022*

Wir machen den Leuten Angst, deswegen halten sie sich daran. Es gibt eine Untersuchung der Uni Hamburg, dass es Menschen gibt, die sich aus Trotz gegen den Staat einer Impfung verweigern. Das ist eine bedenkliche Entwicklung. Die laufen immer rum mit so einem Zeichen von drei U: ungeimpft, ungetestet, unbeugsam. Ich finde, die sollten vier U drauf schreiben für unglaublich dumm. Man muss den Ungeimpften die Benutzung des öffentlichen Nahverkehrs untersagen, denn wenn sie bei der Arbeit ungeimpft sind, brauchen sie auch keinen öffentlichen Nahverkehr, um dahin zu kommen. – *Frank Ulrich Montgomery, Vorsitzender Weltärztebund, 2022*

Markus Söder hat einen einheitlichen Pandemie-Kurs seit jeher torpediert, er rückt nun in AfD-Nähe, die eine stärkere Beteiligung des Parlaments (!) fordert. Irre. – *Marie-Agnes Strack-Zimmermann (FDP), 2022*

Da, finde ich, ist eine Strafe schon angebracht, weil im Prinzip andere Eltern das Leben meines Kindes gefährden. – *Passantin in einer Straßenumfrage des WDR, 2022*

Wer nicht geimpft ist, kann nicht unter Leute gehen. – *Peter Maffey, Sänger, 2022*

Eine Diskriminierung von Ungeimpften ist ethisch gerechtfertigt. – *Zeit Online, 2022*

Es reicht! Ungeimpfte sind hier unerwünscht! Aufspüren! Einfangen! Internieren & durchimpfen! – *Solidarität, Antifaschistische Aktion, 2022*

Undsoweiterundsoweiterundsoweiter ... Sie haben alle mitgehetzt in Dunkeldeutschland. Entschuldigt hat sich kaum einer. Eine schreckliche Solidargemeinschaft, die garantiert wieder zubeißen wird, sobald das nächste Angstvirus durchs Dorf gejagt wird.

»Ich mach da nicht mehr mit! – I don't fucking care!« – *Nena*

Bei einem Konzert in Bergen auf der Insel Rügen fragte Nena die eng aneinander tanzende Menge: »Sagt mal, Leute, hab ich etwa gesagt, dass ihr hier alle ganz nah und eng beieinanderstehen sollt?« Die Antwort auf ihre Frage gab die einundsechzigjährige Sängerin selbst: »Ich hab's nicht gesagt, aber ich freu mich, dass ihr es tut.« – *Frankfurter Rundschau vom 11.08.2021*

»Sängerin Nena ist zurzeit auf großer Europa-Tour. Dabei fiel sie allerdings weniger durch ihre Musik als durch ihre Ansagen hinsichtlich der Corona-Politik in Deutschland auf. Unter anderem auf Rügen und Mallorca ermutigte sie ihr Publikum, gegen die geltenden Anti-Corona-Maßnahmen zu verstoßen. »Holt mich doch mit der Polizei hier runter!«, rief sie unter dem Jubel des Publikums. Ein Konzert in Münster wurde deshalb abgesagt. Im Oktober 2020 erregte Nena schließlich mit rätselhaften Andeutungen Aufmerksamkeit. Auf ihren Social-Media-Accounts veröffentlichte sie einen Clip, der sie mit einer weißen Fahne zeigte. Neben dem Schutzzeichen aus dem Kriegsvölkerrecht löste auch ihr Kommentar reichlich Diskussionen aus. Nena spricht von »Panikmache«. Nena sorgt mit polarisierenden Aussagen zur Corona-Pandemie für Aufregung. Nun feierte sie auch mit Querdenkern auf einer Party nahe Stuttgart.« – *Berliner Morgenpost vom 14.09.2021*

Nena hat ihre für das kommende Jahr geplante Konzert-Tour abgesagt. Als Grund nannte sie die coronabedingten Einschränkungen: »Ich stehe zu meiner Aussage: Auf einem Nena-Konzert sind ALLE MENSCHEN WILLKOMMEN. Hier in unserem Land geht es derzeit in eine ganz andere Richtung, und ich mache da nicht mit.« – *Die Welt vom 17.09.2021*

Nena traut sich was und kritisiert Corona-Maßnahmen – und das Internet wütet. Im Netz mokieren sich einige über einen TV-Auftritt von Nena. Hat die Sängerin etwa wie einst Ozzy Osbourne auf der Bühne einer Fledermaus den Kopf abgebissen? – *Berliner Zeitung vom 02.11.2022*

Auf ihrem Internetaccount nena_official schrieb Nena im zweiten Jahr der Corona-Maßnahmen:

»Ich habe meinen tiefen Glauben an Gott. Daher kommt mein Vertrauen ins Leben. Und ich habe meinen gesunden Menschenverstand, der die Information und die Panikmache, die von außen auf uns einströmen, in alle Einzelteile zerlegt. Und so ist es mir möglich, mich nicht hypnotisiert von Angst in die Dunkelheit ziehen zu lassen. Lasst uns ins Licht gehen und für die Liebe stehen, denn trotz allem Wahnsinn, den wir hier erleben, glaube ich und weiß, dass der positive Wandel nicht mehr aufzuhalten ist.«

Und die Kollegen aus der Musikszene? Wie haben die sich verhalten? Außer Xavier Naidoo haben sich alle weggeduckt oder sich als Regierungslautsprecher missbrauchen lassen. Maffey, Lindenberg, Grönemeyer, Niedecken, die Toten Hosen und Konsorten – sie alle haben den Schwanz eingezogen und sich als Propagandisten für die Corona-Maßnahmen bezahlen lassen. Das Gleiche gilt für den überwiegenden Teil von Deutschlands Kulturszene.

Nena hat sich nicht verbiegen lassen, deshalb ist sie hier dabei. Sie hat beherzigt, was der römische Kaiser und Philosoph Marc Aurel (121–180 n. Chr.) uns vor fast 2000 Jahren ins Stammbuch geschrieben hat:

»Das Ziel des Lebens besteht nicht darin, auf der Seite der Mehrheit zu stehen, sondern zu vermeiden, sich in den Reihen der Wahnsinnigen wiederzufinden.«

Bert Trautmann (1923–2013)
Ein »Kraut« wird in England zur Legende

April 1949, vier Jahre nach Be-
endigung des Zweiten Weltkrie-
ges. Im englischen Manchester
ziehen zwanzigtausend Menschen protestierend durch die
Straßen und fordern die Rück-
nahme eines Spielertransfers,
den ihr Club Manchester City
gerade bekannt gegeben hatte.
»Off with the German!« (Raus
mit dem Deutschen!) skandie-
ren sie. Auf Plakaten durchge-

strichene Hakenkreuze und die Aufforderung an TRAUT THE KRAUT,
sich zu verpissen (Fuck off!).

Trotz der vielen Protestbriefe und Austritte hält die Vereinsfüh-
rung von City an ihrem neuen Torwart fest. Sie hatten ihn lange genug beobachtet und waren sicher, einen spektakulären Coup gelan-
det zu haben. Schließlich ist es der Rabbiner von Manchester, der
die Wogen glättet und die Bürger der Stadt in einem offenen Brief
darum bittet, unvoreingenommen mit dem Deutschen umzugehen.
»Wenn dieser Fußballer ein anständiger Kerl ist, dann kann ich keinerlei Nachteil erkennen«, schreibt Alexander Altmann, der selbst
von den Nazis aus Deutschland vertrieben worden war.

Der Name des Mannes, der von den Fußballfans in Manchester
am liebsten von Hof gejagt worden wäre, war Bert Trautmann. Was
über ihn bekannt wurde, weckte nicht gerade Vertrauen. Als Mitglied der Hitlerjugend hatte sich der damals Siebzehnjährige freiwillig zum Kriegsdienst gemeldet. Er kämpfte als Fallschirmjäger
in Russland und wurde mit dem Eisernen Kreuz Erster Klasse ausgezeichnet, eine hohe militärische Ehrung. Mit einundzwanzig
Jahren geriet Trautmann am 27. März 1945 bei Kleve an der Grenze zu Holland in britische Gefangenschaft.

Im Lager spielten die Häftlinge regelmäßig Fußball, auch gegen die Wachmannschaften. Das Talent des jungen Deutschen war so auffällig, dass er, nachdem er sich entschlossen hatte, in England zu bleiben, erste Angebote von Fußballvereinen erhielt. Dann ging es schnell: Über den Amateurverein St. Helen's Town landete er bei Manchester City, einem renommierten Club der Premier League.

Trautmann verstand die Abneigung, die ihm in der Stadt entgegenschlug. Seine Mitspieler aber standen zu ihm. Über sein allererstes Spiel mit der Reservemannschaft von City gegen den FC Barnsley berichtete sogar die renommierte Londoner *Times*. Seine Leistung war beeindruckend. Später erinnerte sich Bert Trautmann daran mit folgenden Worten: »Ich wollte den Leuten zeigen, dass ich ein guter Torwart und ein guter Deutscher war, und die Dinge liefen gut für mich an diesem Tag. Aber dass die Spieler beider Teams mir nach Ende des Spiels applaudierten und selbst die gegnerischen Fans mich mit Standing Ovations feierten, ist etwas, das ich nie vergessen werde.«

Innerhalb weniger Jahre avancierte Trautmann zum besten Torhüter der englischen Liga. Die Zeitungen überschlugen sich mit Lobeshymnen für den Mann mit den »magnetischen Händen«. Am 3. Mai 1956, zwei Tage vor dem bedeutendsten Spiel seiner Karriere, wurde Trautmann als erster Ausländer als »Spieler des Jahres« ausgezeichnet. Der Deutsche war Kult in England.

Das bedeutendste Spiel seiner Karriere war zweifellos das Endspiel um den FA-Cup vor hunderttausend Zuschauern im Londoner Wembley-Stadion. In diesem Spiel gegen Birmingham City wurde Bert Trautmann zur Legende.

Es war die fünfundsiebzigste Spielminute, Manchester City führte 3:1, sah sich aber stürmischen Angriffen des Gegners ausgesetzt. Trautmann hechtete im Fünfmeterraum einer flachen Hereingabe entgegen, als ihn das Knie von Birminghams Stürmer Peter Murphy im Nacken traf. Ihm wurde schwindelig, er taumelte durch den Strafraum, aber er fiel nicht. Da zu dieser Zeit noch keine Auswechslungen erlaubt waren, spielte er weiter und rettete in der Schlussphase mit spektakulären Paraden den Sieg. Der Guardian kommentierte seine Leistung am nächsten Tag mit den Worten: »Er ist immer gut und oft ist er fabelhaft. Und dann gibt es noch Tage, an denen er übernatürliche Dinge verrichtet. Und einen seiner besten Tage hat er in diesem Finale.«

Der Schock kam drei Tage später, sowohl für das Publikum, als auch für Bert Trautmann selbst. Eine Röntgenuntersuchung ergab, dass sich der Torwart bei dem Zusammenprall mit Murphy einen Genickbruch zugezogen hatte. Fünf weitere Halswirbel waren ausgerenkt. Die Verletzung hätte sehr gut tödlich enden können. Trautmann hatte Glück, aber er war nun gezwungen, fünf Monate von Kopf bis zu den Hüften in einem »Gipsmantel« zu verbringen.

Bert Trautmann spielte von 1949 bis 1964 bei Manchester City und absolvierte fünfhundertneunzig Spiele für den Club. Nach seinem Abschiedsspiel rissen die Fans die Pfosten aus dem Rasen. Kein anderer sollte in dem Tor stehen, das der geliebte »Kraut« fünfzehn Jahre lang gehütet hatte.

2004 zeichnete Queen Elisabeth II. den Ausnahmesportler mit dem *Order of the Britisch Empire* (OBE) aus. Die Begründung: Bert Trautmann, dieser bedeutende Sportsmann und Gentleman, hat mehr für die Aussöhnung zwischen England und Deutschland getan als irgendwer sonst.

Filme und Dokumentationen

- 2018: *Trautmann*, Spielfilm von Marcus H. Rosenmüller
- 2019: Boris Poscharsky: *Bert Trautmann – Vom Kriegsgefangenen zur Torwart-Legende*, NDR Fernsehen]
- 2020: Jan-Dirk Bruns, János Kereszti: *Vom Nazi zum englischen Fußballidol – Torwartlegende Bert Trautmann*.

Rolf KeTaN Tepel (*1956)

Stell dir vor, es ist Frieden und keinen interessiert es

Stell dir vor, es ist Krieg und keiner geht hin. Den Spruch kennen wir doch noch. War ein guter Spruch, aber in Zeiten, da unsere Mediengesellschaft das Wort Krieg in den Händen wiegt, wie einen Kohlrabi auf dem Gemüsemarkt, ist diese Spontilosung aus der guten alten Friedensbewegung nur noch Makulatur. Ein verstaubtes Relikt, das einen wehmütig an den Bonner Hofgarten erinnert, wo sich am 22. Oktober 1983 eine halbe Million Menschen einfanden, um gegen den NATO-Doppelbeschluss zu demonstrieren. Unter den zahlreichen Rednern waren Berlins Ex-Bürgermeister Heinrich Albertz, Erhard Eppler (SPD), Petra Kelly (Die Grünen), der Theologe Helmut Gollwitzer, der Zukunftsforscher Robert Jungk, Ex-Bundeswehr-General Gert Bastian, Coretta Scott King, die Witwe des erschossenen US-amerikanischen Bürgerrechtlers Martin Luther King sowie der Schriftsteller Heinrich Böll. Außerdem waren Vertreter amerikanischer, australischer, britischer, dänischer, französischer und norwegischer Friedensgruppen angereist. Im attraktiv bestückten Kulturprogramm trat Harry Belafonte auf. Eine Friedensdemo als wahres Volksfest, das hat es tatsächlich einmal gegeben.

Und heute? Heute Scholz, Lindner, Baerbock, Harbeck. Heute ARD, ZDF, *Spiegel*, *Süddeutsche*, *Zeit*, *FAZ* und all die anderen Propagandatröten aus dem Mainstream. Heute Einheitsbrei im Parlament. Heute ein Volk, das sich hat einreden lassen, der dringend benötigte Frieden in der Ukraine sei nur durch immer mehr Waffenlieferungen möglich. Heute ein Volk, das nicht sehen kann oder nicht sehen will, wie nahe wir durch die uns regierenden ferngesteuerten Politwürmer bereits an den großen Weltbrand geraten sind.

Stell dir vor, es ist Krieg und keiner geht hin. Dieser Spruch animiert niemanden mehr zum passiven Widerstand. Stell dir vor, es ist Frieden und keinen interessiert es. Das trifft es. Weiß keiner besser als Rolf KeTaN Tepel, dieser unerschrockene Künstler und Friedenskämpfer, der sich im Schatten des Kölner Gerichtshochhauses auf einem ehemals brachliegenden Gelände eine eigene Welt gezimmert hat. Wo sein »Adler-Traumhaus« steht, ein zweistöckiges Gebäude, das er in fünf Monaten ausschließlich aus Abfallholz der Stadt Köln handgesägt und handgenagelt hat.

Frieden und Kämpfer – passt das zusammen? Es passt, wenn man der Welt den Fried erklärt, wie es KeTaN getan hat. Aber wie gesagt, es interessiert keinen. Zwar ist der Mann in der Region hinreichend bekannt, aber eher wegen seines wilden Äußeren, des bunten Zirkuswagens, in dem er dreißig Jahre gewohnt hat und wegen des Hirtenstabs, den er auf seinen Spaziergängen in und um Köln immer dabei hat, wenn er einer kleinen Gruppe interessierter Gefolgsleute voranschreitet. Im Rheinland gilt er als verrückter Friedenskünstler, dessen Anliegen so verrückt scheint wie er selbst. Ist Frieden verrückt? Ja, ist er, er ist mit vereinten Kräften von Medien und Regierung verrückt worden, dorthin, wo er die Kriegstreiber nicht stört, die ein Problem hatten mit der »Kriegsmüdigkeit« (Annalena Baerbock) der Deutschen.

Rolf KeTaN Tepel will das nicht wahrhaben, er steuert dagegen und das seit Jahrzehnten. Sein letztes »Werk« ist die WeltFriedAkademie, ein andauernder landschaftsgestaltender, bildhauerischer und kooperativer WerkProzess im öffentlichen Raum, wie er es nennt. Allerdings befürchtet KeTaN, dass die WeltFriedAkademie ohne Rezeption und Aufmerksamkeit unter die Räder kommen wird. »Was um Himmels willen hindert all die Menschen, die den Krieg angeblich ablehnen, den Fried angeblich wollen, die Existenz der FriedAkademie auch nur wahrzunehmen«, fragt er. Ist wenigstens die örtliche Presse in das Projekt mit einbezogen? »Ja, immer mal wieder sporadisch. Ich habe es mir mittlerweile abgewöhnt, ›die Presse‹ einzuladen. Die WeltFriedAkademie ist bestrebt, direkt mit den Menschen in Kontakt zu kommen. Jeder Druck ist da kontraproduktiv.«

Vielleicht bestätigt sich gerade, was der von ihm sehr verehrte Joseph Beuys vor Jahren so formulierte: »Die Kunst ist in einer Krise. Alle Gebiete sind in einer Krise. Die Kunst ist das Bild des Menschen selbst. Das heißt, indem der Mensch mit der Kunst konfrontiert ist, ist er im Grunde mit sich selbst konfrontiert.« Allerdings scheint KeTaN einer anderen Erkenntnis des großen Joseph immer noch unverzagt den Vorzug zu geben: »Die Zukunft, die wir wollen, muss erfunden werden. Sonst bekommen wir eine, die wir nicht wollen. Eigentlich bin ich dazu erfunden, den Menschen klar zu machen, dass es Politik nicht geben darf.«

Zurzeit scheint es, als habe sich Rolf KeTaN Tepel in diesem Bemühen ein wenig erschöpft, jedenfalls trägt der Brief, den er vor Kurzem an die geliebte Welt und an die geliebten MitMenschen schrieb, resignative Züge. Ich gebe ihn hier in Auszügen zur Kenntnis:

Geliebte Welt, geliebter MitMensch!
Am 13.09.2005, dem Beginn meines 50. Lebensjahres, habe ich dir im Friedenspark in Köln im Kontext des WeltJugendTages zum ersten Mal öffentlich und feierlich »den Fried erklärt«.

Nach dem Fall der Mauer 1989 und der anschließenden Bombardierung des Irak 1991 mit Bomben und Raketen, die in Bunkern im Hunsrück jahrzehntelang »gegen den Russen« gerichtet lagerten und wegen des angeblichen Endes des Kalten Krieges nutzlos waren, habe ich begonnen, »Steine für den friedlichen Wandel ins Rollen zu bringen«.

Inzwischen liegen 30 Jahre öffentlicher kreativer Bemühungen hinter mir, mit denen ich dich mit immer neuen Aufrufen, Einladungen, Aktionen, Installationen, Aufführungen und Interventionen erreichen, gewinnen und zu begeistern suchte für den kollektiven Wandel unserer tiefsitzenden Kriegshaltungen und Kriegshandlungen hin zu einer friedfördernden LebensArt+Weise.

Seit 2010 biete ich die von mir konzipierte Soziale Skulptur »WeltFriedAkademie« als Anknüpfungsort für jeden friedliebenden Menschen an, um geeint dem

Fried eine Stimme, ein Gesicht und eine Gestalt zu erschaffen. Nur sehr wenige Menschen haben bisher dieses Angebot zum friedlichen ZusammenWIRken angenommen.

Nun, nach 30 Jahren derartiger Bemühungen, dich und »Dich Welt« für einen Neustart im friedlichen ZusammenWIRken zu gewinnen, ist das alles beherrschende Thema in diesen Tagen, Wochen und Monaten des Jahres 2022 nichts anderes mehr als »Krieg«. Krieg an allen Fronten, Krieg in allen Bereichen des Lebens und Krieg mit allen Mitteln. Selbst der ultimativ letzte Krieg, die Entfesselung des Atomkrieges wird »heiß diskutiert«.

Alles das habe ich 1991 vorausgeahnt, als klar wurde, dass wir uns hier in Deutschland nach der sogenannten Wiedervereinigung nicht auf einen dankbaren Friedweg einigen konnten und wollten. Inzwischen haben wir das Forum der Akademie von Bergisch Gladbach in die Mitte von Deutschland nach Wanfried an der ehemaligen innerdeutschen Grenze transportieren lassen. Dort habe ich die Eintrittsformel der Akademie

»HIER+MIT ERKLÄRE ICH DER WELT DEN FRIED«

in Stein gehauen und die Buchstaben goldfarbig ausgemalt.

Wenn alle Welt nur noch vom Krieg spricht, ob mit Begeisterung oder aus Furcht, so dokumentiere ich hiermit meine ungebrochene Bereitschaft den Fried öffentlich, frei und

Die WeltFriedAkademie steht für eine permanente kollektive Friedkonferenz bereit.

COMOS MIR SADA

Rolf KeTaN Tepel

Vigdis Finnbogadóttir (*1930)
Eine Frau kann das

Ein Jahr, nachdem in Großbritannien die »eiserne Lady« Margaret Thatcher als Premierministerin installiert worden war, trat Vigdís Finnbogadóttir auf den Plan. Islands Präsidentin war das erste demokratisch gewählte weibliche Staatsoberhaupt der Welt. Nehmen wir die Dritte dazu. Angela Merkel. Sie trat ihr Amt als Bundeskanzlerin sehr viel später an: 2005. Da war die nach Metall schmeckende Thatcher-Ära schon seit fünfzehn Jahren Geschichte. Auch Vigdís Finnbogadóttir hatte bereits neun Jahre vorher von der Politik Abschied genommen.

Was verbindet die drei Damen miteinander? Nicht viel, die erstaunlich langen Amtszeiten, klar. Und was noch? Nichts, das wäre alles. Zwischen Thatcher und Merkel gab es Gemeinsamkeiten. Merkel war gewiss keine Kopie der Engländerin, aber sie gehörten zur selben Mannweib-Familie, die sich der Politik zu bemächtigen begann. Vigdis war das genaue Gegenteil, sie war nicht kompatibel. Die allseits praktizierte hartherzige, interessengesteuerte Amtsführung ihrer Kolleginnen war ihr fremd. »Ich bin kein Mann, und war nie einer«, betonte sie des Öfteren, »und ich habe immer versucht, mich nicht wie ein Mann zu verhalten.«

Wir erinnern uns noch an Vigdis (ich werde sie nur noch beim Vornamen nennen, das andere ist mir zu kompliziert). Dieser Frau war es gelungen, Ronald Reagan und Michael Gorbatschow an einen Tisch zu bringen. In Reykjavik, 1986. Die beiden Staatsmänner versprachen sich das Blaue vom Himmel. Im Gedächtnis geblieben ist vor allem dies: die Entrümpelung sämtlicher atomarer Waffenarsenale auf beiden Seiten. Das Treffen wurde als Ende des

Kalten Krieges gefeiert. Was haben wir nicht alle aufgeatmet. Inzwischen hat uns die Schnappatmung im Griff angesichts des unkontrollierten Wahnsinns, der unsere Politwürmer befallen hat.

Nein, Vigdis war anders, von Natur aus anders. Für sie hatten die Begriffe Demokratie, Gleichstellung und Menschenrechte noch Bedeutung. Die Isländer liebten sie, ihre Popularität war so groß, dass sie mit überwältigender Mehrheit für zwei weitere Amtszeiten als Präsidentin bestätigt wurde. Diese Frau war nicht auf Konflikte aus, scheute sie aber auch nicht. So engagierte sie sich lautstark gegen die NATO-Präsenz auf ihrer Insel, sehr zum Ärger der USA und ihren arschkriechenden europäischen Vasallen. Als sie aus dem Amt schied, bedankte sie sich bei ihren Landsleute für den Mut, sie gewählt zu haben.

Island ist vom Meer umgeben, vom Meer leben dort auch die meisten Menschen. »Unsere Insel ist ein Land der Fischer«, bemerkte sie einmal in einem Fernsehinterview, »und Fischer wissen, wie stark Frauen sind. Fischer wissen, dass Frauen Haus und Hof zusammenhalten.« Auf solchen Sätzen gründete sich Vigdis Beliebtheit. Dass sie sich in ihrer Jugend in der freien Theaterszene Reykjaviks engagierte und von 1961 bis 1964 als Presserefentin des Nationaltheaters von Island tätig war, stieß im Volk ebenfalls auf Sympathie. Endlich einmal kein gestanzter Politdarsteller, sondern ein Mensch. Ein geschiedener Mensch und eine alleinerziehende Mutter dazu. »Ein Staatsoberhaupt ohne Partner, das gehörte sich nicht«, sagte sie einmal ironisch, »aber ich bin im öffentlichen Leben, auf Festen und anderen Veranstaltungen auch ohne einen Mann an meiner Seite ganz gut zurechtgekommen.«

In den Fünfzigerjahren studierte Vigdis in Grenoble und Paris Literatur. Auf dem Weg dorthin ist sie mit dem Zug durch Deutschland gefahren. »Dort habe ich die Zerstörungen des Krieges gesehen. Das hat mich zur Pazifistin gemacht. Seitdem stand der Frieden für mich immer an erster Stelle.« Kann sich jemand ein solches Statement aus dem Mund eines unserer Ampelmännchen vorstellen?

Es gäbe noch viel zu erzählen über Vigdís, zum Beispiel, dass sie im Jahre 2000 als UN-Sonderbotschafterin im Kampf gegen Rassismus und Fremdenfeindlichkeit unterwegs war. Zwei Jahre später agierte sie als Botschafterin des guten Willens für Sprachen bei der UNESCO. Anlass war der Beginn einer besonderen Dekade: der Internationalen Dekade für indigene Sprachen.

Vigdís Finnbogadóttir hatte ihren eigenen Kompass und in ihm war eine Losung eingraviert, der sie stringent gefolgt ist: »Als Weltbürger sind wir alle verpflichtet, nach unseren Möglichkeiten zum weiteren Fortschritt des Geistes der Menschheit beizutragen.« Wir alle wohlgemerkt ...

Literatur

- Catrionia Burness: *Fighting our Fight:* In: *Iceland Review*
- Páll Valsson: *Kona verður forseti*. JPV Útgáfa. Reykjavík 2009
- *Frau Präsident. Eine isländische Biografie*, Orlanda, Berlin 2011

Paul Watson (*1950)
Ein Pirat voller Mitgefühl

Ich bin ihm begegnet, vor zwanzig Jahren etwa. Damals hatte Captain Paul Watson mit der *Sea Shepherd* für zwei Tage an den Landungsbrücken festgemacht. Als er auf dem Schiff zur Pressekonferenz bat, war Hamburgs Journaille vollständig angetreten, um dem berüchtigten Ökokrieger zu lauschen. Die von ihm mitbegründete *Sea Shepherd Conservation Society**, so Watson vor den Pressevertreten, sei für ihn eine konservative Organisation. »Unser Anliegen ist es, zu schützen und zu erhalten. Die Terroristen der Welt sind jene, die aus reiner Gier unsere Ozeane, unsere Wälder, unsere Flora und Fauna und mithin unsere Freiheit zerstören.«

Die Damen und Herren von *Abendblatt*, *Bild*, *Morgenpost*, *Stern*, *Spiegel*, dem Fernsehteam des NDR – sie alle entblödeten sich nicht, den Mann hinterher mit Fragen zu löchern, für die sie sich eigentlich hätten schämen müssen. Die meisten der Anwesenden wollten wissen, ob er bei seinen Rammaktionen gegen marodierende Walfangschiffe keine Skrupel habe, Menschenleben zu gefährden, ob nicht er der wahre Terrorist sei.

Paul Watson reagierte mit stoischer Ruhe auf die moralischen Keulenhiebe, die ihm verbal um die Ohren gehauen wurden, aber er antwortete nicht. Er hatte zuvor seine Motivation deutlich zum Ausdruck gebracht, das musste reichen.

---

* Die *Sea Shepherd Conservation Society*, ist eine Umweltschutzorganisation mit Sitz in Friday Harbor, Washington, die sich dem Schutz der Meere, dem Kampf gegen illegale Fischerei, das Töten von Meeressäugern, Schildkröten und Wildlachs sowie der Bekämpfung der Meeresverschmutzung verschrieben hat.

Endlich gaben die Wadenbeißer aus den Redaktionsstuben auf. Captain Watson entließ sie mit Worten, die mir nicht aus dem Kopf gehen wollen: »Ist Ihnen nicht klar, dass *Sea Shepherd* keine Organisation ist, sondern eine Bewegung. Eine Bewegung engagierter Menschen aus aller Welt. Man kann sie nicht aufhalten. Ich vertrete die Menschen, die noch nicht geboren sind und die mit Verachtung auf unsere Generation zurückblicken werden.«

Ich blieb sitzen, bis auch der letzte meiner Kollegen von Bord gegangen war. Draußen die vom Wind zerrissenen Lautsprecherdurchsagen der vorbei ziehenden Barkassen, mit denen die Touristen auf die *Sea Shepherd* aufmerksam gemacht wurden. Captain Paul Watson und ich saßen uns schweigend gegenüber. Er sah mich mit verschränkten Armen an, sein Blick war milde; der Bannstrahl hatte mich jedenfalls nicht getroffen. Irgendwann, es kam mir wie eine zitternde Ewigkeit vor, erhob ich mich und ging wie ferngesteuert auf ihn zu, um ihm die Hand zu schütteln. Der Druck seiner Pranke war beachtlich. Wir nickten einander zu, während jemand eine Kamera aufs Stativ setzte und ihn für ein Interview ins rechte Licht setzte.

Time Magazin ernannte Paul Watson im Jahr 2000 zum »Helden des zwanzigsten Jahrhunderts«. Die britische Zeitung *The Independent* zählte ihn unter den »Verteidigern der Erde« zu den zehn wichtigsten Ökokriegern und *The Guardian* wählte den Captain zu jenen fünfzig Menschen, die den Planeten retten könnten (»50 people who could save the planet«).

Ein kurzer Blick auf die Biografie dieses Helden: Anfang der 1970er-Jahre stieß Watson zur Friedensbewegung *Don't Make a Wave Committee*. Die Gruppe wollte einen amerikanischen Atombombentest vor der Aleuteninsel Amchitka verhindern. Paul Watson hatte genug seemännische Erfahrung und übernahm sein erstes Umweltkommando auf einem Schiff. Den Atombombentest konnte die Gruppe nicht verhindern. Die Aktion allerdings hatte weitreichende Folge, denn unmittelbar darauf wurde Greenpeace gegründet. Watsons Mitgliedsnummer bei Greenpeace: 007!

Im Juni 1975 positionierten sich Paul Watson und Greenpeace-Gründer Dr. Robert Hunter (Mitgliedsnummer 000) in einem Schlauchboot zwischen einem sowjetischen Walfangschiff und einer Gruppe Pottwale. Retten konnten sie keines der Tiere, aber für

Watson stand nun fest, dass er sein Leben dem Schutz der Wale widmen würde. Wenn es sein musste mit Gewalt. Hier war für Greenpeace das Ende der Fahnenstange erreicht. Die Umweltschutzorganisation lehnte eine weitere Zusammenarbeit mit ihm ab. Watson hat sich nie darüber beklagt, Greenpeace war ihm ohnehin zu moderat, zu bürokratisch und zu harmlos – Eigenschaften, die einem im Kriegsdienst, und als solchen verstand er sein Engagement, eher im Wege standen.

Nach der Trennung von Greenpeace gründete Watson die *Sea Shepherd Conservation Society*. Im Gegensatz zu anderen Umweltschützern griff der Captain zu aggressiven Mitteln. Unter anderem rammte er Walfänger und Schiffe illegal fischender Fangflotten, die er mit ungiftiger, jedoch sehr geruchsintensiver Buttersäure »beschoss«. Sie sollten den Verzehr ungenießbar machen und damit die kommerzielle Verwertung des Fangs verhindern. »Wir versuchen Gesetze durchzusetzen, um die sich sonst niemand kümmert«, betont Watson immer wieder. Er beruft sich auf die von der UN formulierte Weltcharta für die Natur, die auch Privatpersonen dazu berechtigt, im Namen der internationalen Schutzgesetze zu handeln und diese durchzusetzen.

Die Ozeane stellen neunzig Prozent des Lebensraumes auf der Erde. In ihnen leben über zehn Millionen Arten, von winzig kleinen Bakterien bis hin zu gigantischen Säugetieren. Das Artensterben im Meer aber ist beträchtlich, es verläuft doppelt so schnell wie an Land. »*Sea Shepherd* stellt sich diesen Missständen entgegen«, heißt es auf der Website sea-shepherd.de. »Als einzige Meeresschutzorganisation der Welt gehen wir mit einer eigenen Flotte gegen illegale Handlungen vor und wenden innovative Taktiken an.«

Diese innovativen Taktiken haben Watson ein ums andere Mal in Schwierigkeiten gebracht, manchmal war das sogar beabsichtigt. Nachdem die *Sea Shepherd Conservation Society* in einem isländischen Hafen zwei Walfangschiffe versenkt hatte, flog Paul Watson nach Reykjavik, um die isländische Regierung zu zwingen, ihm den Prozess zu machen – aus propagandistischen Gründen. Diese weigerte sich jedoch und verwies ihn des Landes. Festgenommen, angeklagt und inhaftiert worden war Paul Watson fast überall auf der Welt: unter anderem in Kanada, Norwegen, Japan, Costa Rica.

Nein, dem Haftbefehl aus Costa Rica konnte er entgehen – bis die Deutschen zugriffen. Am 13. Mai 2012 wurde er aufgrund eines Festnahmebegehrens aus Costa Rica am Flughafen Frankfurt/-Main verhaftet. Während der Dreharbeiten zu dem Film »Sharkwater – Wenn Haie sterben« hatte der Captain vor der Küste Costa Ricas ein Schiff mit der Wasserkanone angegriffen. Das geht gar nicht, meinten die Deutschen und leisteten pflichtbewusst Amtshilfe. Am 18. Mai wurde Watson gegen Zahlung einer Kaution von zweihundertfünfzigtausend Euro freigelassen. Bis zum Abschluss des Auslieferungsverfahrens durfte er Deutschland nicht verlassen. Mittlerweile lag ein weiteres Auslieferungsgesuch aus Japan vor, was der Captain nach eigenen Angaben von einem Unterstützer aus dem deutschen Innenministerium gesteckt bekam. Beim nächsten Meldetermin auf einer Polizeiwache sollte er festgenommen und nach Japan ausgeliefert werden. So konnte er gerade noch rechtzeitig aus unserem Land fliehen.

Wenn ich an Paul Watson denke, fällt mir ein Spruch von Muhammad Ali ein: »A man who stands for nothing, will fall for anything.« Der Captain weiß, wofür er steht: »Wir sind Piraten voller Mitgefühl auf der Jagd nach den Piraten des Profits.«

Dass ein solcher letztlich immer zum Einzelkämpfer mutiert, hat der Aufsichtsrat diverser *Sea-Shepherd*-Organisationen wieder einmal bewiesen, als er die Zusammenarbeit mit Paul Watson aufkündigte und ihm untersagte, das Logo von *Sea Shepherd* weiterhin zu benutzen. Man wolle die Kampagnen in Zukunft weniger »konfrontativ« gestalten, die Schiffsflotte verkleinern und die Wissenschaft mehr unterstützen.

Dann mal zu. Aber seid euch bewusst, dass die offensive Verteidigungsstrategie von Captain Paul Watson das Beste war, was den Ozeanen und den Meeresbewohnern, insbesondere den Walen, Haien und Schildkröten geschehen konnte.

Dokumentarfilme über und mit Paul Watson (Auswahl)

- 2008: *Pirate for the Sea* von Ronald Colby
- 2009: *Die Bucht* von Louie Psihoyos

- 2011: *Paul Watson – Bekenntnisse eines Öko-Terroristen* von Peter Jay Brown
- 2015: *How to Change the World* von Jerry Rothwell
- 2018: *Citizen Animal – A Small Family's Quest for Animal Rights*
- 2019: *Watson* von Lesley Chilcott

Unter der 2018 erschienenen Dokumentation »Sea Shepherd – Verfolgungsjagd auf hoher See« (www.youtube.com/watch?v=Y3 M0tSkzM9g) schrieb jemand folgenden zutreffenden Kommentar: »Ich fasse nicht, wie mutig die Crew von *Sea Shepherd* ist! Sie riskieren einfach ihr Leben für uns. Dafür seine Dankbarkeit auszudrücken ist schier unmöglich!«

Max Neef (1932–2019)
Vom Manager-Flüsterer
zum Barfuß-Ökonom

So viel Einsicht will erst einmal gewonnen werden. Max Neef, chilenischer Volkswirtschaftler deutscher Herkunft, erzählte in einem Gespräch mit Geseko von Lüpke (ebenfalls in diesem Buch vertreten) von dem entscheidenden Sinneswandel in seinem Leben: »Ich begriff plötzlich, dass ich als Ökonom einer Berufsgattung angehörte, die den Fortbestand einer gesunden Biosphäre unmittelbar gefährdet und den angehenden Managern vermitteln soll, wie sie möglichst erfolgreich in unserem System wirtschaften.« Als Manager-Flüsterer wollte Neef nicht länger unterwegs sein, nicht nach dieser Erkenntnis. Er ging erst einmal ins Feld, wie er es nannte – in die Armengemeinschaften, zu den landlosen Saisonarbeitern in den chilenischen Sierras, in den Dschungel und auch in die Elendsviertel der Großstädte.

Max Neef hat unter ihnen gelebt und gearbeitet, zwölf Jahre lang. Er begriff sehr schnell, dass sämtliche Wirtschaftstheorien, die er kannte und für richtig hielt, absolut wertlos sind, wenn man der Armut ins Gesicht blickt. Wenn die Armut Namen trägt, den Namen eines arbeitslosen Mannes oder einer unterernährten Mutter von vier Kindern zum Beispiel. Er lernte aber auch in diesen Milieus. »Es gibt in solchen Umgebungen mehr zu lernen, als man lehren könnte«, betonte er immer wieder. Vor allem lernte er die Solidarität unter den Armen kennen. »In deren Lebenssituationen gibt es keine Konkurrenz, sonst wären die Überlebensmöglichkeiten gleich null. Den Indianergesellschaften fehlt zwar unser ökonomischer Sachverstand, dafür verfügen sie über sehr viel Weisheit. Das ist, was ein Ökonomen unbedingt erleben sollte, dann würde er seine Theorien menschlicher gestalten.«

Neef entwickelte aus den gemachten Erfahrungen etwas, was von anderen später als »Barfuß-Ökonomie« bezeichnet wurde. Barfuß-Ökonomie heißt, die Probleme zusammen mit jenen Menschen zu lösen, die sie erleiden. Ihnen nicht aus dem Elfenbeinturm eines schönen Büros Vorschläge zu machen, sondern mit den Leuten zu arbeiten und herauszufinden, wie man die Bedingungen vor Ort verbessern kann.

Das funktioniert in den sozialen Welten der Unterprivilegierten durchaus. »Es gibt dort eine Kultur des Umgangs miteinander. In den Indianergesellschaften weiß man, dass wir Teil von etwas Größerem sind und nicht diejenigen, die machen können, was sie wollen. Was bei uns schiefläuft, ist diese Obsession, dass Konkurrenz im ökonomischen Sinne immer gut ist. Die Wurzel allen Übels ist die Gier. Was uns fehlt, ist Solidarität. Wir haben sie durch Individualismus ersetzt, nach dem Motto: ›Wenn ich es schaffe, ist es gut. Was dir passiert, ist mir egal.‹«

In dem Gespräch mit Geseko von Lüpke wurde Max Neef gefragt, ob er davon ausgeht, dass unser auf Vorteilsnahme beruhendes System erst kollabieren muss, bevor etwas anderes entstehen kann. Seine Antwort: »Leider Gottes ja. Ich meine nicht, dass es kollabieren muss, aber meine Intuition sagt mir, dass so etwas passieren wird. Und anstatt den großen Riesen direkt zu bekämpfen, müssen wir uns auf den Kollaps vorbereiten. Auf das, was dann zu tun ist. Dann muss man die lokale Wirtschaft, die lokalen und regionalen Märkte stimulieren. Das ist die einzige Möglichkeit, die Sache nach einem Kollaps dezent zu überleben.«

Max Neef fasst den Begriff Entwicklung weiter, als die Apologeten der Gewinnmaximierung, die lediglich die wirtschaftliche Entwicklung im Sinn haben. Für ihn bedeutet Entwicklung das »Freisetzen von kreativen Möglichkeiten« bei allen Mitgliedern der Gesellschaft. Neefs Werdegang ließ zunächst nicht darauf schließen, dass er sich zu einem der großen ökonomischen Pioniere auf dem

Gebiet des nachhaltigen, kleinräumigen Wirtschaftens entwickeln würde, dass er sich als Ökonom konsequent für die wahren Bedürfnisse der Menschen einsetzte.

Die Eltern waren nach dem Ersten Weltkrieg nach Chile ausgewandert. Sein Vater war Nationalökonom und so war es nicht verwunderlich, dass Sohn Max eine ähnliche Richtung einschlug. An der Universität von Santiago de Chile studierte er Wirtschaftswissenschaften, Entwicklungsökonomie und Wirtschaftsingenieurwesen. Nach dem Studium arbeitete er für den Ölkonzern Shell. Danach war Schluss auf »Maggies Farm«, wie Bob Dylan das System nannte, in dem man für gutes Geld sein Gewissen an der Garderobe abgibt. Danach tauchte Max Neef ins wahre Leben.

Er arbeitete für UN-Organisationen und lehrte an verschiedenen Universitäten in den USA und Lateinamerika. 1981 gründete er das »Zentrum für Entwicklungs-Alternativen« (CEPAUR – Centro de Estudio y Promoción de Asuntos Urbanos). Drei Jahre nach dem Ende der Militärjunta, die nach einem von den USA unterstützten Putsch gegen den demokratisch gewählten Präsidenten Salvador Allende am 11. September 1973 an die Macht gekommen war, kandidierte Max Neef für das chilenische Präsidentenamt und erreichte mit 5,55 % den vierten Platz.

Ehrungen und Auszeichnungen

- Right Livelihood Award (1983)
- Doctor in Economics h. c., Universität von Jordanien
- University Award of Highest Honour, Sōka-Universität, Japan
- National Prize for the Promotion and Defense of Human Rights, Chile

Amy Goodman (*1957)
Medien könnten die größte Kraft des Friedens sein

Gabriele Krone-Schmalz, Dirk Pohlmann, Mathias Bröckers, Harald Schumann – es gäbe so einige zu nennen, die sich nach wie vor an journalistische Gepflogenheiten halten. Zum Beispiel daran, dass Nachricht und Kommentar streng voneinander zu trennen sind. Die zudem sauber und ohne Rücksicht auf die »Mächtigen« recherchieren. Aber den letzten Mohikanern in unserer Medienlandschaft werden die Plattformen entzogen, auf denen sie sich äußern können. Inzwischen haben die Propagandatröten im Mainstream übernommen.

His masters voice – das bezeichnet die Rolle der Medien recht gut. Ihre Besitzer sind der Meinung, dass das Mediengeschäft in erster Linie ein Geschäft ist und dass ein Verlag nicht anders geführt werden sollte als eine Schraubenfabrik, selbst wenn in ihr an den Stellschrauben unserer Gesellschaft gedreht wird. Der Journalismus ist zum Konsumgut degradiert worden. An den Geschäftsmodellen, die Dienstleistungen und Merchandising an journalistische Plattformen binden, ist eine höchst unerfreuliche Nebenwirkung abzulesen: die Erosion der redaktionellen Unabhängigkeit. Ein hohes Gut in der Demokratie.

»Medien könnten die größte Kraft des Friedens auf der Welt sein. Stattdessen werden sie viel zu oft als Waffe des Krieges genutzt. Daher müssen wir sie uns zurückerobern.«

Das meint die US-amerikanische Journalistin, Buchautorin und Fernsehmoderatorin Amy Goodman, die sich seit 1996 mit dem von ihr gegründeten Politikmagazin *Democracy Now!* genau darum bemüht. *Democracy Now!* ist eine globale, tägliche Nachrichtenstunde, die auf tausendzweihundert öffentlichen Radio- und Fernsehsendern weltweit übertragen wird. »Unsere Unabhängigkeit ist uns dabei sehr wichtig«, betont Amy Goodman, die als Hauptmoderatorin der Sendung fungiert. »Wenn wir über den Krieg berichten, werden wir nicht von der Waffenindustrie bezahlt. Wenn wir etwas über den Klimawandel machen, bekommen wir kein Geld von den Öl-, Gas- und Kohleunternehmen. Wir finanzieren uns ausschließlich über die Zuwendungen unserer Zuhörer und Zuschauer.«

Sie verweist darauf, dass die US-amerikanischen Medien alle den gleichen, kleinen Kreis von Experten zu Wort kommen lassen. »Diese sogenannten Experten wissen so wenig über so viele Themen. Wir hingegen gehen an die Basis, zu Menschen, die Bewegungen und Initiativen angehören. Deswegen ist *Democracy Now!* so exponentiell gewachsen.«

Sie nennt zwei Beispiele, die deutlich machen, wie unterschiedlich Journalismus heute betrieben wird. »Die Mainstreammedien lassen Leute wie den ehemaligen US-Vizepräsidenten Dick Cheney kommentieren, wie man den IS attackieren soll. Dabei waren es Leute wie er, die den Irak-Krieg angezettelt haben. Wie wäre es also, wenn man die Meinungen von Leuten hört, die es damals richtig gemacht haben – wie beispielsweise die von führenden Friedensaktivisten?«

Das zweite Beispiel ist sehr aktuell und betrifft den viel diskutierten und immer wieder geleugneten Klimawandel. »Wir berichten von allen Klimagipfeln. Die Klimawandeldebatte in den USA ist so verdammt rückständig. Während man in Europa fragt: Was tun wir dagegen?, heißt es in den USA: Beweist uns erst mal, dass es ihn gibt!«

In den großen Sonntags-Talkshows variieren, wenn über den Mittleren Osten diskutiert wird, die vertretenen Meinungen zwischen: Sollen wir aus der Luft bombardieren oder Bodentruppen senden? »Nie wird gefragt: Sollen wir überhaupt bomben? Diese Diskussion wird natürlich von großen Rüstungsunternehmen wie Lockheed Martin beeinflusst. Genau da muss man ansetzen, tut aber niemand. Wir schon.«

2017 war Amy Goodman zur 23. UN-Klimakonferenz nach Bonn gereist. Im November machte sie einen Abstecher in den Hambacher Forst, um sich einen Eindruck über die Proteste gegen den Braunkohletagebau zu verschaffen, der sich immer weiter in den Wald frisst. Im schwarzen Mantel, schwarzer Hose, schwarzem Schal stapfte sie über schlammige Waldwege und ließ sich von den Besetzern über deren Beweggründe aufklären. Als ihr eine Aktivistin eines der Baumhäuser zeigte, in denen die Besetzer des Waldes lebten, stahl sich ein Lächeln auf Amy Goodmans Gesicht. So als sympathisierte sie mit dieser jungen Frau, die ihr erklärte, der gesamte Protest würde sich letztlich gegen den Kapitalismus richten.

Amy Goodman möchte den Graswurzelbewegungen eine Stimme geben, den Bewegungen, die an der Basis entstehen. Die Bilder aus dem Hambacher Forst waren später bei *Democracy Now!* zu sehen. Und sie vermittelten vom Geschehen einen anderen Eindruck als die Berichte bei *Tagesschau* und *heute*, aus deren Redaktionen niemand über Schlammwege stapfen würde.

www.democracynow.org/2017/11/15/special_report_from_the_occupied_forest

Theo Löbsack (1923–2001)

Der Räumungsbefehl für den Menschen

Ein Gastbeitrag von Frank-Reg. Wolff

Als Theo Löbsack 2001 in seinem 78. Lebensjahr am Bodensee verstarb, sagte ein Freund in seiner Trauerrede Folgendes über ihn: »Theo war ein feiner Mann mit viel Charme, ein renommierter wissenschaftlicher Sachbuchautor, dessen Werke in über siebzig Sprachen übersetzt um die Welt gingen. Er war ein Mahner mit enormer Fachkenntnis, der die Gabe hatte, schwierigste Themen und Sachverhalte in verständlicher, mitreißender und kurzweiliger Form zu behandeln, geradezu spielerisch. Das Elend um die Bedrohung unserer Welt, das sein Werk beinhaltete, hat ihn in den letzten Jahren seines Lebens besonders belastet. So wandte er sich schriftstellerisch mit seiner scharfen Beobachtungsgabe und seinem feinen, versteckten Humor den lustigen Seiten des Lebens zu. Wir durften an diesem Entstehungsprozess teilnehmen, was eine große Bereicherung für uns war – danke!«

Ich wurde erstmals 1978 auf Theo Löbsack aufmerksam, hatte doch das deutsche *PLAYBOY-Magazin* in seiner damaligen November-Ausgabe einen langen Essay von ihm abgedruckt, der letztlich die Zusammenfassung seines 1974 erschienen Buches »Versuch und Irrtum – Der Mensch: Fehlschlag der Natur« war. Seine negative These fiel bei mir, einem jungen Mann von einundzwanzig Jahren, auf fruchtbaren Boden und machte mich zu einem lebenslangen Fan von Theo Löbsack, mit dem ich in den 90er-Jahren angefangen hatte zu korrespondieren. Auch schrieb ich damals einen Leserbrief an den *Playboy*, der dann auch tatsächlich in der Februar-Ausgabe 1979 neben dem Leserbrief eines gewissen Robert Scheithauer abgedruckt wurde. Scheithauer hatte »nur« diesen einen Satz geschrieben: »Theo Löbsack gebührt der Nobelpreis für Beiträge zur Selbstbesinnung der Menschheit.«

Tatsächlich hatte sich Theo Löbsack bereits seit den 50er-Jahren mit den meist negativen Auswirkungen der viel gepriesenen technischen Zivilisation beschäftigt, deren langfristige Auswirkungen (Umweltverschmutzung, Artensterben, Klimawandel, Überbevölkerung usw.) ihm schon früh ein Herzensanliegen wurde, über das er mahnende Bücher schrieb. Er gehörte also zu den ganz frühen Mahnern, der selbst am meisten unter seinen Erkenntnissen litt und unter der Ignoranz jener Mächtigen, die damals das fatale Blatt durch Umkehr noch hätten wenden können.

Im ersten Kapitel seines Buches »Versuch und Irrtum« schreibt Theo Löbsack unter der Überschrift »Der Räumungsbefehl für den Menschen« dies:

> Zu einer Zeit, da »immer größer« und »immer mehr« noch gleichbedeutend war mit »besser«, wurde ein solches Verhalten mit einer Erhöhung der Lebensqualität belohnt, mit dem Wohnlicherwerden der ökologischen Nische des Menschen. Heute sitzen wir in einem vergleichsweise bergab fahrenden Karren, der nicht mehr zu bremsen ist, weil er gar keine Bremsen hat. Der Karren ist nur für die Bergfahrt geeignet, für das »immer höher«, das »immer mehr«, das »immer größer«. Dieser Karren ist unser Gehirn. Von ihm zu verlangen, dass es Eigenschaften entwickle, die einer gänzlich neuen, einer zwar von ihm selbst verursachten, jedoch überfallartig schnell eingetretenen Situation gerecht würden, hieße von den Katzen erwarten, dass sie das Mausen einstellten. Darum wird auch das Ende der Menschheit kommen – rascher vielleicht, als uns lieb ist, und aller unserer Eitelkeit zum Hohn. Mit einem wachsenden psychischen Leidensdruck, zu zunehmender Aggression in den Ballungsgebieten wird

es beginnen. Mit dem Erbverfall, der Schwächung der Immunsysteme, mit der Erschöpfung der Rohstoff- und Nahrungsreserven, mit Hungerkatastrophen wird es weitergehen.

Für diese These, den Menschen als Fehlschlag der Natur zu bezeichnen und dies auch fachlich zu untermauern, ist er vielfach gescholten worden – außerdem gilt der Prophet bekanntlich nichts auf dem eigenen Planeten, auf dem der Mensch zur selbstgekrönten »Krone der (Er-) Schöpfung« wurde! Was würde Theo Löbsack heute zu jungen Menschen sagen, die sich angesichts der nahenden Katastrophe als gehasste Stauverursacher an den Straßenbelag kleben? Ich denke, er wäre auf ihrer Seite, auch wenn seine Zukunftsprognose für den Homo sapiens heute sicher noch verheerender ausfallen würde, so wäre er doch garantiert auf der Seite jener Jugendlichen und ihrer Verzweiflungstaten!

Ich würde den Klimarebellen empfehlen einen radikal-humanistischen Umweltpreis nach ihm zu benennen, was sich auch aus Anlass seines hundertsten Geburtstages anbietet. Jeder Mensch hat in seinem Leben unterschiedlich viel Leid zu ertragen und Theo Löbsack gehörte als Jahrgang 1923 zur Kriegsgeneration. Viel hat er nicht darüber berichtet, nur dass es sein Bild vom Menschen stark erschüttert hat und letztlich Anteil daran gehabt haben dürfte, wenig Hoffnung für unsere Spezies zu sehen. Er hat uns nie etwas vorgemacht. Er war immer ein wahrhaft wissenschaftlicher Wahrheitssucher in anthropologischer Hinsicht. Theo, schön das es dich gab!

Bücher von Theo Löbsack, eine Auswahl

- *Denn sie wissen nicht, was sie tun. Der Griff nach dem Atomzeitalter.* Beck, München 1957
- *Medizin als Gefahr. Acht Themen zum Risiko des Fortschritts.* dtv, 1970
- *Versuch und Irrtum. Der Mensch: Fehlschlag der Natur.* Bertelsmann-Verlag, 1974
- *Die manipulierte Seele. Von der Gehirnwäsche zum gesteuerten Gefühl.* Rev. Neuausgabe von 1967, Econ, 1979

- *Die letzten Jahre der Menschheit. Vom Anfang und Ende des Homo sapiens.* Bertelsmann, 1983.
- *Das manipulierte Leben. Gen-Technologie zwischen Fortschritt und Frevel.* dtv, 1985
- *Unterm Smoking das Bärenfell. Was aus der Urzeit noch in uns steckt.* Umschau-Verlag, Frankfurt am Main. 1990

Annie Londonderry (1870–1947)
Eine Frau, die richtig in Tritt kam

Wie soll man es nennen, was diese Frau der Öffentlichkeit auftischte, wenn sie von ihren Abenteuern erzählte? Seemannsgarn geht schlecht, sie war mit dem Drahtesel unterwegs. Also wie nennt man die Fantastereien, welche Annie Londonderry, die mit dem Fahrrad die Welt umrundete, bei jeder Gelegenheit von sich gab? Speichensalat? Lenkradgeflüster? Sattelfurze? Egal, Annie konnte nicht nur ausdauernd in die Pedale treten, sie war auch eine talentierte und begeisterte Geschichtenerzählerin. Ihre Lügenmärchen, die sie in Chicago, Paris, Hongkong oder anderswo den Journalisten erzählte, machten weltweit die Runde.

Seit sich Annie Londonderry im Juni 1894 von Boston aus aufmachte, pflasterte ein Abenteuer nach dem anderen ihren Weg. Zwischen Chicago und New York zum Beispiel springt entlang der Bahnstrecke ein Bandit hervor und stürzt sich auf die Reisende! Annie zückt ihren Revolver aus der Hosentasche, fällt dabei jedoch auf die Gleise – auf denen just ein Zug heranrast! Im letzten Moment hechtet sie zur Seite und überlebt.

Wenige Monate später in China: Dort tobt der erste Chinesisch-Japanische Krieg. Japanische Soldaten nehmen die Radlerin gefangen und werfen sie in ein dunkles, bitterkaltes Verlies. Tagelang friert und hungert Annie vor sich hin, bis sie endlich von einer Truppe französischer Soldaten befreit wird. Dass sie nicht Annie Londonderry heißt, sondern Annie Kopchovsky, dass sie aus Lettland stammt und Mutter von drei Kindern ist, verheimlicht sie erst einmal.

Wer war diese Frau wirklich? Auf jeden Fall verstand sie das Public-Relations-Handwerk schon, bevor es den Begriff überhaupt gab. Auf ihrer Tour findet sie immer wieder Unternehmer, die ihr Abenteuer sponsern. Dafür hängt sie Werbeplakate an ihr Rad, pinnt sich die Logos der Geldgeber an die Kleidung und nimmt damit vorweg, was im Profisport heute üblich ist, denken wir nur an die mit Werbung bepflasterten Renn-Overalls der Formel-1-Fahrer. Annie nimmt sogar den Namen eines großen Bostoner Sponsors an, der Wasserfirma Londonderry. Die Befürchtung, dass ihr jüdischer Name für eine allein reisende Frau in Zeiten des grassierenden Antisemitismus eine erhebliche Gefahr darstellt, war nicht unbegründet. Unter Annie Londonderry schreibt sie nun Telegramme an Fahrradklubs und Journalisten, um auf sich aufmerksam zu machen.

Ihre Vita ist frei erfunden. So verbreitet sie, dass sie einen Doktortitel in Jura hat. Sie gibt sich als reiche Erbin aus und prahlt damit, dass sie als Medizinstudentin Geld damit verdiente, Leichen aufzuschneiden. Die Gazetten greifen diese Informationen begierig auf und geben sie in Druck, ohne zu hinterfragen. Auf diese Weise ist Annie Londonderry bereits berühmt, bevor sie ihr gewagtes Vorhaben überhaupt in Angriff genommen hat. Dabei deutete zunächst nichts auf ihr tollkühnes Unternehmen hin. Sie führte ein beschauliches Leben in Boston, mit Mann und drei Kindern.

»Ich wollte mein Leben nicht immer zu Hause sitzen, jedes Jahr wieder ein Baby in meinem Schoß«, erzählt sie später in Interviews. Annie will unabhängig sein, frei sein, berühmt sein! Zufällig hört sie von einem Gespräch zweier Geschäftsmänner, die in einer Bostoner Bar zehntausend Dollar darauf gewettet haben sollen, dass es einer Frau niemals gelingen wird, die Welt mit einem Fahrrad zu umrunden. Diese Summe entspricht heutzutage einer Viertelmillion Euro. Dafür, dachte Annie spontan, kann man sich schon mal auf den Weg machen ...

Am 25. Juni 1894 steht sie in einem langen Rock und mit einem neunzehn Kilogramm schweren Damenrad auf den Stufen des Massachusetts State House im Herzen Bostons. Im Gepäck nichts weiter als Wechselwäsche und einen Revolver. Mehr als fünfhundert Schaulustige haben sich vor dem State House versammelt. Die Frauenrechtlerinnen unter ihnen jubeln ihr zu, während ihr

Bruder kopfschüttelnd in der Menge steht. Er hält seine Schwester für übergeschnappt. Schließlich lebt Annie in einer Zeit, in der man Frauen nur eines zutraut: gute Ehefrauen und Mütter zu sein. Sie dürfen nicht wählen gehen und arbeiten nur dann, wenn es der Ehemann erlaubt. Eine Frau, die allein den Globus umrundet? Ihre Kinder zurücklässt? Völlig irre, ein Skandal!

Der Autor Peter Zheutlin, der eine Biografie über Annie Londonderry geschrieben hat, vermutet, dass sie durch die Frauenbewegung motiviert worden ist. Denn für die Frauen im späten 19. Jahrhundert ist das Fahrrad *das* Symbol der Emanzipation. Es gibt ihnen Unabhängigkeit und macht sie mobil. Frauen ziehen sogar Hosen zum Fahrradfahren an, was in der viktorianischen Ära absolut unerhört ist. So wird die Mutter, Ehefrau und Jüdin Annie Londonderry zur Repräsentantin einer ganzen Bewegung.

Als Annie am 24. September in Chicago ankommt, wo ihre »Rundfahrt« offiziell beginnen soll, hat sie bereits zehn Kilogramm abgenommen. Sie ist so erschöpft, dass sie ihr Vorhaben eigentlich abbrechen möchte, schließlich steht ein harter Winter vor der Tür, dem sie sich in ihrem Zustand nicht gewachsen fühlt. Ein Treffen mit dem Fahrradhersteller Sterling Cycle Works kommt ihr zuvor. Das Unternehmen bietet ihr ein neues Rad an, »The Sterling«. Es hat nur einen Gang und keine Bremse, es wiegt aber nur halb so viel wie ihr Columbia-Fahrrad. Zudem beschließt sie, ihre Garderobe zu wechseln. Sie tauscht ihr Kleid gegen Hosen und ist nun mit ihrem neuen Gefährt sicher, dass sie die Wette gewinnen kann.

Nun muss man wissen, dass die Wette nicht sagt, wie viele Kilometer tatsächlich auf dem Rad zurückzulegen sind. Es muss lediglich eine Fahrt um den Globus innerhalb von fünfzehn Monaten sein. So legt Annie Londonderry einen großen Teil ihrer Reise per Schiff und mit der Eisenbahn zurück. Ihre Reise führt sie unter anderem über das heutige Sri Lanka, Indien, Vietnam, Hongkong und Japan. Wo sie auch immer hinkommt, ist sie eine Sensation – was sie sichtlich genießt. Sie liebt die Aufmerksamkeit und zieht die Öffentlichkeit regelmäßig mit wilden Reisegeschichten in ihren Bann.

Am 9. März 1895 geht sie in Yokohama an Bord und am 23. März fährt sie über die Golden Gate Bridge in San Francisco ein.

Für ihre Rückfahrt nach Chicago wählt sie die Route über Arizona und New Mexiko. Einen guten Teil der Strecke kann sie davon entlang der Eisenbahnschienen fahren. Das garantiert ihr einen halbwegs asphaltierten Untergrund sowie Möglichkeiten zum Essen und Duschen unterwegs.

Gegen Ende ihrer Tour bricht sie sich in Iowa das Handgelenk – weil sie in eine Horde von Schweinen gerät und stürzt. Am 12. September 1895 kommt sie, eine Hand im Gips, in Chicago an, zwei Wochen vor dem Ende ihrer Frist.

Sie hat die Wette gewonnen. Sie bekommt zehntausend Dollar. Bravo, Annie Münchhausen!

Henry David Thoreau (1817–1862)
Der Mann mit dem Realometer

Wer Mahatma Gandhi und Martin Luther King inspiriert hat,
kann nur gut für uns sein. Das
dachten und denken sich unzählige Friedensfreunde, Ausstei-
ger, Esoteriker, Naturliebhaber,
Einsamkeitsfanatiker und Verfechter des zivilen Ungehorsams
in aller Welt, die Henry David
Thoreau gerne als Kronzeugen
ihrer Weltanschauung bemühen. Zitate des US-amerikanischen Schriftstellers und Philo-

sophen gehen den Wahrheitssuchern runter wie Öl, sie sind das
GPS ihres Bewusstsein.

Am 19.07.1851 notierte Thoreau beispielsweise folgende Sätze in
sein Tagebuch: »Ich bin vierunddreißig Jahre alt, und dennoch ist
mein Leben beinahe ganz unentfaltet. Wie viel liegt da erst im
Keim? Zwischen meinem Ideal und der Wirklichkeit herrscht oft
ein solcher zeitlicher Abstand, dass ich sagen kann, ich sei noch
nicht geboren.«
    Gilt das nicht für die Menschheit insgesamt? Ist sie nicht eben-
falls gänzlich unentfaltet und schlummern ihre Träume von einer
friedlich harmonischen Welt nicht noch im Keim? Das gäbe zumindest Hoffnung.

Henry David Thoreau ist so aktuell wie nie zuvor. Zu Lebzeiten war
er als Naivling und philosophierender Waldschrat verschrien. Heute
ist er eine Art Nationalheiliger der USA. Das Besondere an ihm ist,
dass er ein alternatives Leben ausprobiert und nicht nur reflektiert

hat. Keine Selbstverständlichkeit für einen, der in Harvard studierte und griechische und lateinische Werke im Original las.

Die Einfachheit im Alltag, das Leben mit der Natur, Entschleunigung und die Pflicht zum Ungehorsam waren sein Credo. Berühmt wurde Thoreau mit »Walden«, einem Bericht über sein Leben am Walden-See, an den er sich zwischen 1845 und 1847 zurückgezogen hatte, um die Natur zu beobachten, Forschung zu betreiben und über sich und das Leben Rechenschaft abzulegen. »Ich wollte tief leben, alles Mark des Lebens aussaugen, so hart und spartanisch leben, dass alles, was nicht Leben war, in die Flucht geschlagen wurde«, schrieb er in »Walden«. Das Buch wurde zum Leitstern diverser Gegenkulturen und gilt als Aussteigerbibel schlechthin. »Einfachheit, Einfachheit, Einfachheit!«, ruft er dem Leser entgegen und markiert damit die Kernbotschaft der Lektüre: »Lass deine Geschäfte zwei oder drei sein, sage ich dir, und nicht hundert oder tausend. Statt eine Million zu zählen, zähle ein halbes Dutzend und führe Buch auf deinem Daumennagel.«

Thoreau ist jedoch nicht auf den verklärten Wahrheitssucher zu reduzieren. Er mischte sich laut und heftig in die Politik ein. In seinen vielen Vorträgen wetterte er regelmäßig gegen Krieg und Sklaverei. Zwei Jahre, nachdem er die Hütte am Walden-See verlassen hatte, schrieb er sein berühmtes Traktat »Über die Pflicht zum Ungehorsam gegen den Staat«, aus der zu Corona-Zeiten wieder heftig zitiert wurde.

Henri David Thoreau litt unter der Gleichgültigkeit seiner Mitmenschen. Die Distanz, die wir als Menschheit zum wirklichen Leben entwickelt haben, wollte er zum Wohle künftiger Generationen mit diesem zornigen, kraftvollen, poetischen Fanal eindeutig markieren:

»Wir wollen uns die Ärmel aufkrempeln und unseren Weg bahnen durch den Dreck und Schlamm von Meinung, Vorurteil, Tradition, Blendung und Schein, die den Erdball überschwemmen, durch Paris und New York, durch Kirche und Staat, durch Dichtung, Philosophie und Religion, bis wir auf festen Grund und solide Felsen stoßen. Diesen Ort können wir Wirklichkeit nennen und sagen: Das IST, einen Irrtum gibt es nicht. Und dann beginne ein Realometer einzurammen, damit künftige Zeiten erfahren, wie hoch die Wellen von Trug und Schein zeitweilig schlugen.«

Werke auf Deutsch, eine Auswahl

- Über die Pflicht zum Ungehorsam gegen den Staat und andere Essays
- Walden oder Leben in den Wäldern
- Leben aus den Wurzeln
- Vom Wandern
- Die Wildnis von Maine. Eine Sommerreise
- Wilde Früchte
- Wildäpfel
- Herbstfarben. Ein Winterspaziergang
- Ich befuhr einen Fluss bei günstigen Winden. Eine Bootfahrt auf dem Concord und Merrimack
- Lob der Wildnis
- Leben ohne Grundsätze. Essay
- Tagebücher I-V

Gualcaipuro Cuatémoc (*?)
Wer schuldet nun wem was?

RUMMMS! Das hat gesessen. Am 13. Dezember 2002 wurde dem alten Europa auf dem EU-Gipfel in Madrid, zu dem auch Vertreter Lateinamerikas und der Karibik geladen waren, so kräftig die Leviten gelesen, dass es den Teilnehmern noch heute in den Ohren klingen muss.

Was war geschehen? Neben den Staats- und Regierungschefs der bedeutendsten Industriestaaten der westlichen Welt, die zusammengekommen waren, um Fragen der Weltwirtschaft zu erörtern, nahm plötzlich einer der indigenen Anführer das Wort. Es handelte sich um den Kaziken Gualcaipuro Cuatémoc.

Die Bezeichnung Kazike stammt aus der in der Karibik verbreiteten Sprache der Taino. Christoph Kolumbus erwähnte ihn in seinem Bordbuch. Der entsprechende Eintrag vom 17. Dezember 1492 lautet: »Ich sah, wie einer von ihnen, den die anderen Kazike nannten, und den ich für den Gouverneur der Provinz hielt, ein handgroßes Goldblatt in Händen hielt und so tat, als wolle er es gegen etwas anderes austauschen.«

Gegen Glasperlen vielleicht? Man weiß es nicht. Jedenfalls war die Ankunft der ersten Europäer im Land des Kaziken der Anfang jenes himmelschreienden Unrechts, das Gualcaipuro in seiner Madrider Brandrede den anwesenden eindringlich zu Bewusstsein brachte. So, und jetzt genießen wir die verbale Abrechnung erst einmal, die hoffentlich so manchem von uns die Schamesröte ins Gesicht treiben wird.

Hier also bin ich, Gauaicaipuro Cuauthémoc, ein Nachfahre jener Menschen, die Amerika vor vierzigtausend Jahren bevölkert haben. Ich appelliere an jene, die

Amerika vor nur fünfhundert Jahren entdeckt haben. Der europäische Bruder Wucherer verlangt von mir die Tilgung einer Schuld, die Judas aufgenommen hat, dem ich nie die Erlaubnis gegeben habe, mich zu verkaufen. Der europäische Bruder Winkeladvokat erklärt mir, dass jede Schuld mit Zinsen zurückbezahlt werden muss, und sei es, indem man Menschen und ganze Länder ohne ihre Zustimmung verkauft.

Auch ich kann Zahlungen und Zinsen einfordern. Im Hispanoamerika-Archiv* befindet sich der Beleg, Papier auf Papier, Quittung auf Quittung und Unterschrift auf Unterschrift, dass allein in den Jahren 1503 bis 1660 in Europa hundertfünfundachtzigtausend Kilo Gold und sechzehn Millionen Kilo Silber aus Amerika nach Spanien verschifft wurden.

Plünderung? Nein, das glaube ich nicht! Das hieße ja, zu denken, die christlichen Brüder haben gegen ihr siebtes Gebot verstoßen. *Raub?* Bewahre mich Gott Tanatzin davor, mir vorzustellen, dass die Europäer töten und das Blut ihres Bruders verleugnen. *Völkermord?* Das hieße ja, Verleumdern wie Bartolomé de las Casas Glauben zu schenken, die die Entdeckung als die Zerstörung Hispanoamerikas** bezeichnen, oder Ultraradikalen wie Arturo Uslar Pietri, der behauptet, dass die Entstehung des Kapitalismus und der gegenwärtigen europäischen Zivilisation durch die Edelmetallschwemme ausgelöst wurde!

Nein! Diese hundertfünfundachtzigtausend Kilo Gold und die sechzehn Millionen Kilo Silber müssen als der Beginn einer ganzen Reihe weiterer freundlicher Leihgaben Amerikas angesehen werden, die für die

---

* Das Archiv hat sich zum Ziel gesetzt, alle selbstständigen Veröffentlichungen und heute verstreut vorhandenen Texte aus Anthologien, Zeitschriften und Zeitungen an einem Ort zusammenzuführen und öffentlich zugänglich zu machen. Zu diesem Zweck wird mit allen relevanten Bibliotheken, Universitäten und Instituten im In- und Ausland zusammengearbeitet.

** Unter Hispanoamerika oder Spanischamerika werden die Gebiete Lateinamerikas verstanden, in denen der überwiegende Teil der Bevölkerung Spanisch spricht und durch die spanische Kultur geprägt ist.

Entwicklung Europas bestimmt waren. Alles andere hieße, Kriegsverbrechen zu vermuten, was uns berechtigen würde, nicht nur ihre sofortige Rückgabe zu verlangen, sondern auch Entschädigungen für die Nachteile, die uns erwachsen sind, und für die erlittenen Zerstörungen.

Ich, Gauaicaipuro Cuauthémoc, ziehe es vor, von der weniger offensiven Annahme auszugehen. Eine derart gigantische Ausfuhr von Kapital war nichts anderes als unsere Hilfe für den Wiederaufbau des barbarischen Europas, das wegen seiner bedauerlichen Kriege gegen die Moslems, die Begründer der Algebra, der Polygamie, des täglichen Bades und anderer höherer Zivilisationsgüter ruiniert war.

Deswegen, und anlässlich der Fünfhundertjahrfeier dieser Leihgabe, fragen wir uns: Haben die europäischen Brüder von den Geldern, die ihnen so großzügig vom Internationalen Indo-Amerikanischen Fond zur Verfügung gestellt wurden, auf vernünftige, verantwortungsvolle oder zumindest produktive Weise Gebrauch gemacht?

Leider nicht.

Sie haben sie in den Schlachten von Lepanto verschleudert, in unbesiegbaren Armadas, in Dritten Reichen und anderen Arten der gegenseitigen Ausrottung, nur um von den Gringotruppen der NATO besetzt zu werden – etwa so wie Panama, nur ohne Kanal.

In finanzieller Hinsicht waren sie unfähig, nach einer fünfhundert Jahre langen Stundung das Kapital, geschweige denn die Zinsen zu tilgen, noch sich von den Bareinkommen, den Rohstoffen und von der billigen Energie, die ihnen die gesamte Dritte Welt liefert, unabhängig zu machen.

Dieses bedauernswerte Bild bestätigt die Behauptung von Milton Friedman, dass eine subsidiäre Wirtschaft niemals funktionieren kann, und es verpflichtet uns, zu ihrem eigenen Besten, nun die Zahlung des Kapitals und der Zinsen zu verlangen, die wir in so großzügiger Weise in all diesen Jahrhunderten nicht eingefordert haben. Dabei stellen wir klar, dass wir uns nicht dazu erniedrigen werden, von unseren europäischen Brüdern zwanzig oder gar dreißig Prozent Zinsen zu verlangen, wie sie unsere europäischen Brüder von den Völkern der Dritten Welt einfordern.

Wir beschränken uns darauf, die Rückgabe der geliehenen Edelmetalle zu fordern sowie einen geringen festen Zinssatz von zehn Prozent, und nur bezogen auf die letzten dreihundert Jahre. Die Zinsen für die verbleibenden zweihundert Jahre erlassen wir ihnen.

Auf dieser Grundlage und unter Anwendung der europäischen Formel des zusammengefassten Zinssatzes informieren wir unsere Entdecker, dass sie uns für eine erste Rückzahlung ihrer Schulden 185.000 kg Gold und 16 Millionen kg Silber schulden, wobei beide Zahlen mit 300 potenziert werden müssen. Das ergibt eine Zahl mit über dreihundert Ziffern, die möglicherweise bei Weitem das Gewicht der gesamten Erde überschreitet.

Diese Gold- und Silbermassen wiegen sehr schwer. Wie viel wiegen sie wohl umgerechnet in Blut?

Der Einwand, Europa habe in einem halben Jahrtausend nicht genügend Reichtum schaffen können, um diese geringfügigen Zinsen bezahlen zu können, kommt dem Eingeständnis seines völligen finanziellen Scheiterns gleich, sowie der wahnsinnigen Irrationalität der Voraussetzungen, auf denen der Kapitalismus gründet.

Derartige metaphysische Fragen bewegen uns amerikanische Indianer natürlich nicht.

Aber wir verlangen die Unterzeichnung einer Absichtserklärung, die die verschuldeten Völker des Alten Kontinents diszipliniert und sie zwingt, ihren Verpflichtungen durch eine baldige Privatisierung oder Umstellung Europas nachzukommen, welche es ihnen ermöglicht, uns den Kontinent Europa als erste Zahlung der historischen Schuld komplett zu übergeben …

Wo er recht hat, hat er recht, der Kazike Gualcaipuro Cuatémoc.

HEROES, die ich persönlich besonders schätze

HEROES, die ich persönlich besonders schätze

HEROES, die ich persönlich besonders schätze

HEROES, die ich persönlich besonders schätze

FSC
www.fsc.org

MIX

Papier | Fördert
gute Waldnutzung

FSC® C083411